以问题为导向的教学设计研究

刘 静 / 著

中国出版集团 现代出版社

图书在版编目(CIP)数据

以问题为导向的教学设计研究 / 刘静著. — 北京：现代出版社，2021.8

ISBN 978-7-5143-9356-9

Ⅰ. ①以… Ⅱ. ①刘… Ⅲ. ①高中—教学设计—研究 Ⅳ. ①G632.0

中国版本图书馆CIP数据核字（2021）第162301号

以问题为导向的教学设计研究

作　　者　刘　静
责任编辑　窦艳秋
出版发行　现代出版社
地　　址　北京市安定门外安华里504号
邮政编码　100011
电　　话　010-64267325　64245264
网　　址　www.1980xd.com
电子邮箱　xiandai@cnpitc.com.cn
印　　制　北京政采印刷服务有限公司
开　　本　710mm × 1000mm　1/16
印　　张　12.5
字　　数　225千
版　　次　2021年8月第1版　　2021年10月第1次印刷
书　　号　ISBN 978-7-5143-9356-9
定　　价　45.00元

目 录
CONTENTS

理论篇

实 践 篇

理 论 篇

绪 论

一、研究背景

当今社会是信息迭代式更新、爆炸式增长的知识经济时代，信息化、网络化、数字化、全球化成为各行各业讨论的热词。全球全速发展对教育产生了巨大的冲击，到底该培养什么样的人才能满足未来社会发展的需要，满足全球胜任力的高标准要求，这是带给教育的世纪之问。自党的十九大以来，党对教育事业的发展提出了一系列新要求。2019年6月，中共中央、国务院颁布《中共中央国务院关于深化教育教学改革全面提高义务教育质量的意见》，指出："义务教育质量事关亿万少年儿童健康成长，事关国家发展，事关民族未来"，因此要"坚持'五育'并举，全面发展素质教育"。在智育方面，提出"突出学生主体地位，注重保护学生的好奇心、想象力、求知欲，激发学习兴趣，提高学习能力，加强科学教育和实验教学"。在教育方式方面，提出要优化教学方式。"坚持教学相长，注重启发式、互动式、探究式教学"，尤其提出要重视情境教学，探索基于学科的课程综合化教学，开展研究型、项目化、合作式学习。

教育是面向未来的事业，研判未来教育的发展趋势，对教育的发展有着极为重要的意义。根据国家发展的总体设计、社会的变化、世界教育的发展趋势和教育自身演变的规律，可以预判以互联网、云计算、大数据、物联网、人工智能等为代表的信息技术在教育领域中的应用将会越来越广泛，同时未来社会所需要的人才更加注重批判性思考能力、创造能力、创新精神和创业精神，未来教育应该是以能力培养为主；依托信息技术在教育中的应用，未来学生的培养将更加个性化、精准化。联合国教科文组织发布《教育2030行动框架》描画全球未来教育的模样："确保全纳、公平的优质教育，使人人可以获得终身学习的机会。"要求学校加强培养人们的终身学习能力和主动学习精神，以满足职业的要求和社会进步的需要。

当今世界，国家之间的竞争实际上是综合国力的竞争，而综合国力的提升离不开创新人才的培养。创新人才的核心素养之一就是创新创造能力，这种能力集中体现在对复杂和高难问题的解决，这种问题在学术领域被称为“非良构问题”。因此，培养学生提出问题、分析问题、解决问题的能力对国家和社会发展来说是跻身国际竞争的“最后一公里”。这是我们提出“以问题为导向的教学设计”的研究逻辑起点，问题导向教学设计以培养思维能力，学生问题意识，分析问题、解决问题的能力为目标，是一种新的值得尝试与探索的教学设计。

在当下教学实际中，教师教学中设计的问题往往只是基于知识的“良构问题”，有标准答案，甚至是唯一答案，并不能真正培养学生的问题解决能力，只是机械地训练学生的解题能力，而非问题解决能力，更谈不上创造力的培养。为尝试解决目前课堂“填鸭式”教学的困境，我们将问题导向作为教学设计研究的起点。教学设计是课程内容和教学实践之间的桥梁，有预设性，也有实践性，有理论研究和实践研究的双重价值，经过实践和反思的教学设计可以成为更有价值的案例不断地推进课堂教学改革。

二、研究意义

以问题为导向的教学设计是一种新型的教学设计方式，在新一轮课程改革和中高考改革的背景下，是转变陈旧的教学方式、探究新型的教学方式的创新和有意义的尝试，不仅能够丰富教育教学理论，在实践层面也可以探索更有时效性的操作策略和方法。

1. 理论意义和价值

通过对“问题”的概念、分类和价值等进行梳理与综述，证明将问题导向引入教学设计研究领域的价值：课堂中以问题为导向进行教学有利于激发学生学习的动机，促进学生全面而个性化地发展。通过对国内外将“问题”应用于教学设计的理论和实践进行总结、整理与分析，为以问题为导向的教学设计研究提供理论支撑和借鉴，使以问题为导向的教学设计理论更系统、更科学，进而丰富当前的教学设计理论研究，促进教学改革和发展。

（1）在综述国内外关于以问题为导向的教学设计研究的基础上，给出以问题为导向的教学设计的一般定义。

（2）梳理国内外经典教学设计模型，整合与创新后创建更适合本国、本土、本校的教学设计模型。

（3）本研究尝试从哲学方法论的角度提供一种以问题为导向的教学设计的底层设计逻辑。

2. 实际意义和价值

通过对以问题为导向的教学设计模型、方法和策略等的分析，明确问题导向教学设计的过程和步骤，为在课堂教学中实践问题导向的教学设计者提供操作指导。在本书的实践篇中介绍了以问题为导向的教学设计模型的建构，以学科课和主题的教学设计案例与教学实录为例，佐证理论模型建构的有效性，从具体案例中抽象出、概括出问题导向教学设计的模型和实践路径，并有针对性地提出教学策略，使一线教师在实际教学中能更好地进行实践，不断改进教学行为，取得更好的教学效果。

（1）为一线教师提供更有理论依据和实践操作性的教学设计模型、策略与实施方法。

（2）将教师实践与反思后整理的教学设计形成案例，作为进一步完善理论体系的实践依据。

（3）针对一线教师的实际需求，整理以问题为导向的教学设计指导下的主题活动组织管理方案，形成对一线教师更有实际效用的教育教学行动指南。

第一章　国内外研究现状

一、国外相关研究

国外有关问题导向教学的思想可以追溯到两千多年前的苏格拉底，他提出了“产婆术”（又称“精神助产术”“谈话法”）等概念。苏格拉底通过不断提出问题，来激发学生的学习动机和思考积极性。他认为，教师就像助产婆一样，应该去帮助产妇生产，而不是替产妇生产，所以要激发学生想去解决问题的欲望，启发学生寻找解决问题的方法，而不是越俎代庖，直接灌输。那如何才能让教师在教学中起到这样的作用呢？那就是提出有“助产”作用的“问题”，一连串有逻辑性、启发性、趣味性、科学性的问题能引发学生开展高品质的思维活动，因此，他也总结出掌握知识、揭示真理一般包括“反诘—助产—归纳—定义”的过程。在这个过程中，能引发认知冲突的问题非常有价值，在心理学上可以归纳为认知心理的两个类型——同化和顺应。基于学生原有的认知水平，新的知识会以同化或顺应的方式进入旧有的知识体系，不断完善这个体系。同化相当于合并同类项；而顺应则会产生更大的认知心理冲突，甚至打破原有的认知结构，重构认知体系。而这一系列心理认知过程的完成，都有赖于“好问题”的提出。

法国启蒙思想家、哲学家、教育家、文学家卢梭也说过：“儿童天生具有探究问题的欲望，教师应该把儿童引入问题的边缘，鼓励学生自己去思考，从而培养学生的思维能力和解决问题的能力。”美国著名心理学家布鲁纳和实用主义教育家杜威对“问题解决”的理解进入了方法论研究的阶段，他们各自提出了关于“问题解决”的教学法模型。杜威提出了“五步教学法”，把问题解决具体化为进入问题情境、明确问题所在、提出解决问题的种种假设、推断哪个假设能解决问题、检验假设得出结论五个阶段，这个解决问题的过程与认知的过程是匹配的，是从低阶认知到高阶认知的思维过程。对问题探究同样有研究成果的布鲁纳提出了“问题—发现”探究教学法。而系统地提出问题教学理论的是苏联教育科学学院院士马赫穆托夫，他以马克思列宁主义认识论为方法论，以心理学做理论依据，提出并介绍了问题教学的过程。

就教学设计的概念而言，目前对教学设计的概念界定有“计划说”“方法说”“技术说”“方案说”和“操作程序说”五种。就教育领域而言，在实际教学中运用最多的是“方案说”和“操作程序说”，“方案说”认为教学设计是对教学问题解决提出的一种方案。“操作程序说”认为教学设计就是运用系统方法和步骤，并对教学结果做出评价的一种计划过程与操作程序。而本书在这两种研究成果的基础上尝试整合与创新，建构一种以问题为导向的教学活动设计系统，充分考虑教学系统活动过程中各活动要素之间的联系和影响，也就是构成交际情境的“人、事、时、空、情”五要素之间的相互作用关系。

总的来说，国外对于以问题为导向的教学设计研究主要聚焦在心理学领域，注重科学和实证研究成果，从问题的分类、理解和设计层面都有比较清晰的研究定位，并且基于此的教学设计研究也相伴而生，不同问题类型对应不同的认知心理图式和思维模型，也涉及不同的知识类型和技能种类。这些研究中所体现的分级分类思想和建模意识很显著，值得国内学者借鉴和学习。

综上所述，在教育领域，基于问题组织或设计教学活动的理论和思想由来已久，问题在教育教学领域中的应用价值一直被高度关注。从终身学习的角度看基础教育，学生不可能在学校学到满足终身发展需求的所有知识和技能，学生必须在具备阅读、数学、科学等方面基础的前提下，努力培养自主学习和解决问题的能力，并能将这种技能应用在伴随终身的学习之中，能把所学知识迁移到真实的问题情境中去解决实际的问题。这种问题大多是非良构问题，而不是试卷中遇到的良构问题。在解决复杂问题的过程中，学习者依靠原有的知识经验，运用系统的学习技能解决新问题，不断完善自己的知识和认知结构，形成动态的学习机制，促进思维水平的不断提高。问题解决的过程能够促进知识和认知水平的提高，这是建构主义教学中基于问题教学的核心思想，本书理论篇中将详细介绍建构主义的学习理论。

二、国内相关研究

在我国古代，很早就出现了以问题促进学习的思想。孔子提出的“不耻下问”“不愤不启，不悱不发”“学而不思则罔，思而不学则殆”都是对基于问题教学的肯定，他以“学—问—思”建立起关于学习的逻辑闭环，对后世的教育者开展相关研究做出了巨大的贡献。中国古代著作《学记》比较早地提出了在教学过程中“善问”的价值，宋代教育家张载曾提出“学则须疑”“可疑而不疑者，不曾学”。宋代理学家朱熹说：“读书无疑者，须教有疑。小疑则小进，大疑则大进。疑者，觉悟之机也。”一番觉悟，一番长进。

到了近代，人们更加重视问题在教育中的研究。“问题意识”一词最早见于我国著名科学家钱学森的著作《关于思维科学》，他在文中提出了“能否将思维科学定义为一门平行于自然科学和人文科学的科学”这一命题。他从思维的物质基础和外部环境两个角度分析思维的客观规律性，将思维规律和方法作为思维科学研究的范畴，同时从思维的对象——信息入手列举了思维的类型，其中包括数理思维、感性和直觉思维。相对数理思维而言，直觉思维不仅需要归纳和推理，而且需要思维的多途径和多回路才能实现。面对信息、智能和数字时代独有的优势，要想对思维有更深入和前沿的探索，需要跨学科合作才能完成，如脑科学、神经科学、认知心理学等。钱学森先生关于思维科学的探讨，启发笔者思考教学工作的跨界和跨学课研究的必要性，这也是以问题导向的教学设计研究立足思维科学探索实践路径的起点。

对问题相关的教学研究，在大方向上与创新教育、素质教育、探究学习、新课程改革等相联系。如刘绪菊等编著的《启迪智慧——问题探究教学研究》认为，对教学中的问题进行探究，可以启迪学生的智慧，培养创新人才。对教学中问题相关的教学理论研究分流成几个大派别：一是基于对目前应试教育背景下的灌输式教学的批判，主张以问题为导向创新教学设计。二是如何在课堂教学中设计不同类型和层次的问题，形成问题链。吴慧萍的《“问题链导学”模式应用摭拾》，钱红明的《语文教学中“问题链导学”方案设计》等都从系统性理论的角度出发，探究问题群和问题链设计。三是基于问题的学习也被译为问题导向学习，问题本位的学习，即PBL，最初的研究来源于对国外PBL基本理论的介绍，对国外书籍的翻译。PBL起源于美国的医学教育，在医学领域的发展较为成熟。国内学者也尝试将PBL应用于我国学科教学，但研究中存在诸多问题，方法论层面的研究成果在跨行业间的运用需要考虑行业性质的差异。教育的本质是人与人之间的往来和交互，即使是学习客观的知识，也需要问题情境，这就需要我们从心理学、教育学、哲学、社会学等不同研究领域去思考问题导向该如何引导学生学习和解决问题。

笔者通过中国知网和万方数据库等平台进行相关检索，得知国内以问题为导向的教学设计研究现状如下：首先，国内关于问题解决和教学设计的研究大多基于学科学习而开展，并且能比较清晰地定义良构问题和非良构问题，学科学习需要解决的问题多为良构问题，对于这类问题常以寻求问题解决模式为目的，因此，教学设计的模式也基于此目的。而生活中的实际问题多以非良构的形式存在，研究者主要依据建构主义、多元智能等理论，以信息加工学习理论为基础来构建非良构问题解决模型。

总的来看，近年来，国内外对基于问题或问题导向相关的教学研究的热度很高。就国内研究而言，主要是引进国外研究的理论，但对于理论的本土化应用还缺乏深入研究，没有从我国的主流价值观念、传统文化背景、民族心理认同等方面去思考将国外先进理论本土化的路径和策略，难免会出现照搬照抄、水土不服、张冠李戴等教学改革的乱象。从对于“问题”概念界定的研究来看，还需要进一步厘清“问题”的概念，从分级分类的角度系统理解各级各类问题，这也是本书的一个重要视角，对概念的清晰理解有助于一线教师有序科学地开展教学设计研究和实践。本书不仅涉及学科教学设计，也包括各类主题教育活动设计，因此，本书中的问题设计既包括结构良好的纯粹学科问题，也包括复杂的、非良构的实践性问题，即使是学科问题，也包括有探究性质的开放性问题的设计。这是一个系统的基于问题的教学设计研究。目前关于这方面的研究很多还停留在理论的解说和介绍层面，进入方法、策略层面的研究不多，缺乏将理论与实践相结合的研究。一线教师不仅需要具体案例的分析和指导，也需要对于顶层设计理论的学习与理解，否则就缺乏对“教与学”的系统化理解，这也是本书努力的方向之一。前人对问题教学、问题解决教学、问题导向学习、问题意识这些不同的理论方面的研究都为本书提供了基础和线索。

第二章　研究的思路与方法

一、研究思路

首先，本书通过文献综述，对“问题”这个概念进行梳理，将“问题”和“习题”“专题”等易混淆的概念进行辨析，从根本上区分“良构问题”和“非良构问题”。这是需要基础教育一线教师在教育教学中能清晰辨别的两个概念，也是设计出不同层次和情境的问题的逻辑起点。大部分教师把“问题”“习题”和“试题”混为一谈，简单地把“考题”当“问题”，花大量的时间训练学生记住解决良构问题的“套路”，这些套路的形成过程就是“刷题”，而忽视了启发学生发现、分析、解决真实复杂的非良构问题的能力。本章对“问题”的概念进行了全面梳理。

其次，本书以历史的眼光来回顾整个教学系统设计研究的发展历程，对良构与非良构教学问题的解决进行方法论概述，在此基础上探索出以问题为导向的教学设计研究在方法论层面的创新视角，在方法、策略和实施步骤层面建立教学设计实践模型。

二、研究方法

1. 文献综述法

分析与本书密切相关的期刊文章、学位论文、经典论著等，全面把握相关研究领域的学术研究历程和方向，为本书提供更为广阔的研究背景，横向拓展本书的研究内容，纵向深化本研究的深度，提炼总结本书可资借鉴的思路、方法、理论和观点。

2. 归纳和演绎等逻辑方法

研究者通过对研究对象进行辩证思考，并结合已有经验和研究成果进行总结的研究方法。其中包括对文献进行分析并归纳总结出理论，再由理论演绎推理形成操作性实施步骤指导实践。

3. 课例分析法

课例分析法是对具体的课例进行分析、研究，从而得出普遍性结论的研究方法。本书将在第六章重点运用课例分析法，将理论和实践相结合，分析学科课教学设计和主题课教学设计的基本特点、实施策略及评价机制，从而完善以问题为导向的教学设计的相关研究。本书通过对具体案例的收集、整理和分析，使理论阐释更有的放矢，更容易理解。在本书中，收集和整理了来自高中学段学科课教学设计案例与主题课教学设计案例和教学实录，并对这些案例进行了细致深入的分析、点评，提炼出理论研究的时效性和实践价值。

4. 模型建构法

模型建构法是指通过建立模型对研究对象进行理性思考和分析的研究方法，具有强烈的逻辑性、形象性、直观性及系统性，便于简化复杂的内容。笔者将在第五章中运用模型建构法，将复杂的文字转化为清晰的操作流程，以便于更好地建构以问题为导向的教学设计研究的理论和实践体系，使本书的研究思路更清晰，阐述说理更加具体有力。

第三章 研究的理论基础

一、相关概念界定

（一）问题的含义

在日常生活和教学中，我们常常会用到“问题”这个词，比如：“这个人心理有问题，否则不会做出这样的事。”“青春期的孩子很叛逆，这是常见的问题。”“对于这个问题你没有深入思考，所以考试做错了。”以上情境中的“问题”很容易让我们对“问题”这个概念有误解或者产生歧义。从以上例子中我们不难发现，“问题”这一词汇的具体含义离不开具体的情境。

《新华词典》中对“问题”的解释是：“需解决的矛盾；要求回答和解释的题目。”这里出现了两个关键词——“矛盾”和“题目”。“矛盾”是产生问题的本质，而“题目”是矛盾的外在形式。《牛津大辞典》中指出，“问题”是“那些并不能立即得到求解或者有一定难度的问题，是那些需要经过思索和探求的问题，是那些需要通过投入积极思维活动的问题”。这个解释偏向于复杂的非良构问题，是贯穿人类生存、生活和发展的所有问题。《教育大辞典》中这样定义问题：“问题（problem）亦称难题。泛指机体不能利用现成反映予以应答的刺激情境。狭义上讲是指人们不能利用现成的知识（包括概念、规则和方法）达到既定目标的刺激情境。”这个解释的关键词有“刺激环境”“现成的知识”等，这个解释强调了“问题”的随机性、灵活性的动态特点，不能通过“现成的知识”去解决问题，不是说所学知识无用，而是需要创造性地运用知识，在解决问题中创造新的知识和技能，是从建构主义的学习原理来解释学习的动态性和情境性特点。

（二）问题的概念辨析

1.“问题（problem）与“提问（发问）”（question）的区别

苏联教育学家马赫穆托夫认为，提问是问题的语言表达形式，是思维和思想的外在化。另一种理解属于逻辑学和心理学范畴，并不是所有的“发问”都包含“问题”。以下两个问题就有本质的区别，例如：①人是否有灵魂的研究存在吗？②人有灵魂吗？两个问题都需要证明，但前者可以得到答案，有或者没有，但后者可能没有答案。在教学中，我们常常把第一个问题理解为“非问题性”问题，而把第二个问题理解为“问题性”问题。“非问题性”问题很多时候只是一个提问而没有真正的探究价值；“问题性”问题往往是有探究价值的问题，也是需要我们在当下教学中应该设计问题情境去启发学生探究的，这是问题导向教学设计的重要起点。

2. 问题与习题的区别

马赫穆托夫将“问题”与“习题（作业）”也做了区分。“问题”是人脑与客观世界发生交互时产生的疑问，是原有认知经验和心理图式与新的问题发生认知冲突时产生的困惑，是一种主观现象，存在于人的主观意识中。“习题”是一种客观现象，它是人主动加工的产物，而加工的对象往往是外部信息和材料，这些被加工的产物帮助我们解决真正的问题，但它不是解决问题的现成答案。“习题”是可以回答的，调动记忆就可以完成，但“问题”不是轻易就能找到答案的，需要去探究。“习题”是对前人解决问题过程的模拟，通过做习题我们可以习得解决常见问题的方法、规律和程序，这是学习过程中的“传承”。“问题”的解决则需要新的知识、技能，更需要创造性地应用已有知识和经验去解决问题，需要更多地激发人的求异思维、批判性思维。它没有唯一答案，也可能得不到答案，它比“习题”更容易激发学习动机，更适合培养高层次的思维品质。这是我们研究问题导向教学设计的又一个重要目的，就是激发学生主动学习，形成高阶认知。

（三）教学设计的概念

美国教育心理学家加涅认为，“教学是以促进学习的方式影响学习者的一系列事件，而教学设计是一个系统化规划教学系统的过程”；美国学者肯普（J.E.Kemp）提出，“教学系统设计是运用系统方法分析研究教学过程中相互联系的各部分的问题和需求，确立解决它们的方法步骤，然后评价教学成果的系统计划过程”。二者都强调了教学设计的系统性，相较于前者，后者具体陈述了系统化过程中建立教学过程中问题的方法与步骤的重要性。美国教育心理学家梅瑞尔在其《教学设计新宣言》中将教学设计界定为“创设和开发促进学生掌握知识与技能的学习环境和学习经验”。我国学者乌美娜教授认为，“教学设计是运用系统方法分析教学问题和确定聚焦认知问题，建立解决教学问题的策略方案、试行解决方案、评价试行结果和对方案进行修改的过程”。通过对这些定义的比较和分析不难看出，不同的研究立场和视角决定了研究的方向与侧重点不同，但无一例外，这些研究都强调了教学设计的系统性，无论是侧重学习经验和情境，还是侧重过程和程序，都离不开对教学设计的系统性设计，这源于对认知统整性的认同。

以问题为导向的教学设计研究，为系统性教学设计提供了更为科学、具体、有操作性的指向，在遵循教学设计一般规律的基础上，聚焦问题的分级分类、问题的分析过程、问题的解决过程等问题解决的基本要素，基于教育和聚焦认知问题，将教学设计的要素进行组合并系统化建模，形成以问题为导向的教学设计模型。

目前对教学设计的概念界定有“计划说”“方法说”“技术说”“方案说”和“操作程序说”五种。

（1）“计划说”认为，教学设计的活动及评价都是事先计划和规划好的；

（2）“方法说”认为，教学设计是一种用于制订教学计划和过程的方法；

（3）“技术说”以我国教育技术学者鲍崎为代表，认为教学设计是一种利用计算机、多媒体辅助设备，提高教学活动程序化、精确化的现代教育技术；

（4）“方案说”认为，教学设计是对教学问题解决提出的一种方案；

（5）“操作程序说”认为，教学设计就是运用系统方法和步骤，并对教学结果做出评价的一种计划过程与操作程序。

以上对于“教学设计”概念的研究都为本书奠定了理论研究的基础，作为一本力求适用于基础教育一线教师的学术著作，本书旨在启发一线教育教学工作者能建立问题意识和研究意识，将理论研究落实到教学实践中，不断在一线工作中梳理理论成果再应用于实践。无论哪种学说和理论，都需要经过实践的检验，抑或本身就来自实践，应用者需要在运用中不断迭代出新的策略与方法。但创造的前提是学习前人的经验和理论，这也是当下一线教师比较缺乏的，因忙于具体事务而疏于理论学习，或者是没有把理论很好地应用于实践，这也是本书想尝试填补的研究空缺，希望可以启发一线教师将教育教学中的理论与实践结合起来，寻找到嫁接二者的桥梁和媒介。

二、主要理论介绍

（一）从结构到文化——布鲁纳认知理论的迭代过程

回溯西方两次重要的认知革命，美国教育心理学家、认知心理学家布鲁纳都是重要的参与者。第一次认知革命是以布鲁纳的“结构发展论”对“行为主义和刺激反应学习理论”的质疑为开端的，以瑞士儿童心理学家皮亚杰和布鲁纳为代表的“结构论”成为发展心理学的主流，布鲁纳1960年发表的《教育过程》也成为这次认知革命的经典学术著作，而当第二次认知革命到来之时，以苏联心理学家维果茨基为代表的历史心理学成为后心理学研究的主流时，布鲁纳也在反思结构主义学习理论中成为此次认知革命的变革者，这也是认知革命中由“结构”到“文化”的重要转变。

这一有趣的转变背后的心理学发展历程是我们对布鲁纳认知理论研究的重点。自启蒙运动以来，理性主义成为心理学、教育学研究的主流，其强调理性、结构和实证研究，这一认知逻辑和框架至今依然对心理学与教育学领域有着重要的影响，它是认知的母体。但随着欧美后现代主义思潮的到来，人们对于带有明显工具主义标签的实证研究产生了质疑，于是对话、叙事等更有文化统整意义的研究方式进入第二次认知革命的视野。从研究方法上看，就是从量化研究到质性研究的转变，研究者从微观的测量转向了对于“人”的宏观体察，从对于个体知识结构的建立转向了社会历史文化对于人的认知影响的研究。

布鲁纳认为在学校中应该建立学习型社群，社群化学习的价值在于有参与感、协作性和引导性，这样的学习是以建构为逻辑起点的，并非以灌输和被动接受为逻辑起点。这也是我们以综合教育项目为抓手，以问题导向教学法为教学设计研究的实践起点的理论依据之一。综合教育项目的本质就是在互联网时代背景下，面向未来教育，探索培养未来人才的新型的教与学的模式，而这一模式的探索理论依据来自经典的认知理论模型。布鲁纳无疑是建构主义学习理论的典范，也是笔者以深圳市高级中学为实践基地，带领团队研发综合教育项目和开创问题导向教学的理论源头。

（二）掌握学科基本结构对于学术素养培育的价值

布鲁纳认为教师无论教什么学科，都要使学生理解和掌握这门学科的基本结构。那么，什么是结构呢？结构就是事物之间的联系，就学科而言，就是这个学科的基本原理和基本概念，只有系统地把握这门学科的理论和知识体系，才能把具体的学科知识纳入学科知识体系中进行思考和定位，才能做到举一反三，才能灵活而系统地解决学科学习的问题，而这种思维方式将迁移到生活中各种复杂的实际问题的解决中。这是结构主义的魅力所在，它无疑也是工业化时代最有现实意义的思维模型建构的理论依据。

布鲁纳不仅重视学习者对于学科结构的掌握，也十分重视对于学习者基本学术素养的培养，这些素养包括调查研究能力、独立思考能力、合作探究能力。他认为这是一个学习者基本的学术研究的态度和能力，也是对于未来人才培养的基本态度，而问题导向教学法恰恰是培养学生以上学术素养的最好开端。

（三）螺旋式教学设计适用于任何阶段的任何学习者

布鲁纳认为，对于学习者而言，自然学科和人文学科的学习都不是一蹴而就的，很多知识点不是一次教学就能完成的，需要在学习者不同的发展阶段以不同的方式反复呈现才能收到良好的教学效果。比如，“就餐礼仪”这个课程主题就可以从幼儿阶段一直学到成年，从行为模仿、基本常识、理论概念到文化形成设计成可以终身学习的课程。又如，“诗歌鉴赏”可以从熟读成诵、翻译理解、鉴赏创作设计一套从小幼到高中阶段甚至大学阶段的课程，形成学段的贯通教学。这就是布鲁纳提出的“螺旋式课程”。作为综合素养教育的实践基地，深圳市高级中学是一所集团学校，学校分为四个校区，涵盖基础教育十二个年级三个学段，是开发“螺旋式课程”的实践基地。

（四）维果茨基社会文化—历史理论

维果茨基的心理学方法体系建立的基础是马克思主义哲学，他强调辩证法的核心地位。他更为重视认知领域中的“统整”属性，也就是马克思主义对于“人的本质是由社会关系构成”的论断。他将人的心理起源大体分为两个基本过程：一个是人作为一个物种的生理进化过程，这是受基本的生物进化规律制约的过程；另一个是文化历史过程，也就是自然人进化到社会人的文化历史心理过程，他认为这个过程才属于人的高级心理机能。而这种高级心理机能形成的基础就是社会学习过程，这个学习过程的发生有赖于社会意义的活动，学习者在社会活动中产生交往关系，逐渐形成社会文化心理。比如，班级文化和学校文化的形成就是这样一个社会历史文化心理积淀的过程。我们基于深圳市高级中学学生开发的综合素养教育项目的课程体系、实施体系在实践中也逐渐形成了综合素养课程文化，尤其是综合素养主题活动课程是学习者形成共同的社会文化心理，树立社会主义核心价值的重要载体。

（五）皮亚杰、布鲁纳和维果茨基理论的整合与借鉴应用

就学习认知心理学而言，皮亚杰和维果茨基是两种不同的研究思路，两者的研究对于20世纪的发展心理学研究都有着深刻的影响。皮亚杰终生探索认识论，提出了知识逻辑的起源和性质，维果茨基致力于整体心理学的研究，两者研究的逻辑起点不同，但殊途同归，都是从不同的角度探索认知的奥秘。布鲁纳从两位大师的研究中汲取营养，参与和发动了两次认知革命。早年布鲁纳受皮亚杰的影响较大，20世纪70年代后，他受维果茨基的影响更大，他的思想是对皮亚杰和维果茨基的创新，对两者的研究进行了综合与应用。本书将布鲁纳的理论作为以问题导向的教学设计研究的主要理论依据，也是源于布鲁纳是认知心理学和发展心理学研究的集大成者。从教学设计研究的领域看，理性主义和人文主义二者不可或缺，因此，本书以教学设计为纽带，以问题导向为基础，把教育和教学融会贯通，系统地探索以问题为导向的教学设计原理和模型，将基于理性和结构的认知模型与基于社会和文化的统整认知模型结合，立足于用科学与人文并容的思想来设计适应未来人才发展的教育和教学课程。

第四章 建构主义理论在研究中的应用

一、建构主义学习过程的基本特征

建构主义学习理论认为学习是一个意义建构的过程，是学习主体把学习经验转化为意义的过程，因此学习者是有意义的学习的建构者，而不是被动接受者。该理论认为，知识是学习主体与客观世界在交互过程中形成的，学习主体依据已经掌握的知识和经验来判断新问题与解释新现象，这个过程就是典型的建构主义的学习过程。但这个过程不是学习者孤独和孤立的探索过程，它需要学习者融入学习社群，需要教师的引导、同伴的合作，因此也就形成了建构主义学习过程的几个特点：自我建构、社群互动、问题情境。在学习方法上，建构主义学习主张运用合作探究法和发现法，教师需要提供相应的知识链接，设计学习活动，组织学习过程，引导学习者运用已有经验和现有条件发现与探索新知。

二、建构主义学习的知识观

与行为主义和认知主义不同的是，建构主义认为知识是主客体在互动过程中形成的，不是被动和客观的。在这个过程中，学习者对于客观世界的认识充满了各种假设和解释，这种解释没有终极和标准答案，是一个不断更新和迭代的过程。知识也不能解决现实世界中遇到的所有问题，因此知识的运用需要条件和具体的情境，这也是我们创立问题导向教学法的价值所在。学习者带着原有的学习经验和知识储备参与新的认知活动，在此过程中发现、理解、探索新知识，不断完成自己头脑中知识的迭代，这就是建构的本质，也是建构主义对知识的动态认识观。在此知识观的指导下，学习者需要掌握更多的元认知知识，比如策略知识、关于认知任务的知识、自我认知的知识，这些指向元认知知识的学习和储备，让学习者具备处理复杂（非良构）问题的能力。

三、建构主义学习的学习观

不同的认知理论决定了不同的学习观。行为主义更为强调刺激反应对于学习的作用，因此非常注重学习中的强化和反复训练，现在的应试教育就是很好的例证。而认知主义更为重视计算在学习中的重要性，因此更为强调教师在教学设计中要强化算法，把人类比作计算机，所以编码很重要。建构主义认为学习是一个主动建构知识意义的过程，不是简单的刺激反应结果，也不是被编码的机械运算过程。建构主义认为学习是一个依据原有知识经验对于新问题进行主动探索并寻求解决的有意义的过程，在这个过程中，问题情境的设计更为重要，学习者需要根据具体的问题去收集信息和资料来理解与解释新现象，要迁移旧知解决新问题，对信息进行重组，进而获得新的理解和解释，这是一个建构的过程，一个寻找意义的过程，而不是寻找标准答案的过程，这个认知的过程更为强调新旧知识的冲突，而不是新旧知识的简单叠加和累积。因此，在学习中更为强调小组合作，元认知技能和问题解决能力的培养，也是问题导向教学设计的研究目标。

四、建构主义学习的教学观

建构主义认同的教学观是与其学习观和知识观匹配的，在教与学的过程中，强调教学是在一定情境下教师指导学生自主进行建构的过程，因此教学设计就涉及有预设性的聚焦认知问题、教学内容、教学方法、授课方式的选择，尤其要重视学习动机和学习兴趣的激发。教学设计中注重情境设计，将问题作为线索引导学习者开展合作学习，这在以问题为导向的教学设计中体现为“设计各级各类问题”“分级分类解决问题”和“问题解决过程”等具体的教学设计流程。相较于传统教学，建构主义是以教师为主导、以学生为主体的多维认知互动过程，而不是一味地灌输和讲授过程。这种身份和角色的转变需要自顶至底发生，不能流于形式，更不能照本宣科，需要教师在理念上深刻认同新型教与学的互动关系，从“一言堂”、灌输式的课堂中解放出来，从学习的本质出发探索适应新时代和未来人才培养的教学方式。从实践层面来看，建构主义理念指导下的教学更为开放、多元，本着解决学习问题的目的可以打开更广阔的视野开展教学，而不是局限于传统的师生互动方式和组织关系，依托当下互联网和数字科技的发展，可以创造性地开发更有效、科学、多元的OMO（online merge offline）教学方式。这是经典学习理论与现代信息技术融合的最好时机。

五、建构主义学习的学生观

建构主义学习的学生观倾向于把学生作为有学习经验的学习者，他们在适合的情境和条件下有能力收集信息，迁移已有经验解决新的问题，因此更为强调学习者的主观能动性和已有的学习经验。这个已有的学习经验就像飞机的黑匣子，如何去打开，能打开多少，成为获取新知的重要条件。因为每个学习者的性格、经历、背景、智力水平和学习经验都不同，因此学习者的学习经验的差异也很大，它不是知识储备量的差异，而是基于不同的时空背景的学习经验的差异。这种差异会带来学习效果和结果的差异，而探索这种差异也是建构主义的任务之一，更是本书中提到的问题导向教学设计要关注的核心问题之一。在建构主义学习理论指导下，我们需要对学习者的身份进行界定，他们不是班级授课制中被动的知识接收者，而是主动学习中的知识建构者，他们不仅需要储备和接收，更需要应用与创造。这样的学习者应该具备更广阔的学习视野，更综合的问题解决能力，是教学的主动参与者和评价者，是课堂真正的主人。

六、建构主义学习的教师观

从建构主义的学习观来看，其非常重视学习者的主体地位，但教师作为教学过程中的主导者的地位也是不容忽视的。在建构主义的学习过程中，学习者是新知识的建构者和意义发现者，教师就是启发其发现和探索的引导者，其角色任务包括问题情境的设计、学习者已有经验的启发、相关学习条件的创设等，从某种意义上讲，建构主义教学过程中的教师的角色比传统教授式教学过程中的教师角色更为复杂，他不是单一的知识传授者，而是参与学生主动探究和建构新知的互动者、引导者与辅助者，他要根据问题解决的进度和程度来平衡与评估学习过程。在这个动态的过程中，教师本身也在不断学习和探究，他与学习者构成了复杂的学习网络，不停地产生新问题和新的解决方案。在动态的教与学的过程中，教师与学生共同参与学习和探究，教学相长也因此而发生。

七、建构主义学习的评价观

就建构主义学习而言，与之匹配的评价体系的建立尤为复杂。相对于传统教学，建构主义学习中涉及的要素和条件更多地呈现出动态性、不确定性和多元性，因此评价也不是单一和固化的，需要多样性和过程性，不能只注重结果性评价。从评价的目的、对象、标准、方法等要素看，在建构主义学习过程中存在的自变量更多，因变量更为不确定；从实证研究的角度看，加大了研究的难度；从评价的角度看，需要设计更多元和主观的测评方式，给学习者更大的探究和表征空间；就问题导向教学设计而言，我们在教学设计中需要设计更多元、灵活的课程反馈机制，这在后面的实践篇中会具体呈现。

综上所述，笔者从建构主义的理论源头概述了建构主义学习理论在知识观、学习观、教学观、学生观、教师观和评价观方面与其他学习理论的区别和优越性，从而解析了以问题为导向的教学设计在创新性运用建构主义学习理论方面的积极探索。

第五章 以问题为导向的教学设计模型的建构

一、以问题为导向的教学设计模式的概念

模式是一种行为的标准，是人们可以参照某种行为框架和程序去解决问题的一套程式，它是对解决某类问题的实践经验的程序化总结。人们对于事物的认知存在差异，不同领域的事物客观上也存在差异，在长期的社会实践中，人们会总结处理不同问题的方法和行为方式，这种行为方式渐渐会形成一种思维模式，这样就可以类别化、标准化和程序化地解决某类问题，从而提高效率。教学设计是指教师在开始课堂教学之前，在教育教学理论的指导下，在分析学情和教材的基础上，综合运用教学法开展教学的过程。教学设计是具体的操作过程，有明确的程序性和标准性，因此也有可学习和模仿的范式与规程，在实践篇重点探究的是教学设计模式的建构。

以问题为导向的教学模式一直受到教育研究者的关注。从教学论的角度看，知识和能力的增长都来自对问题的探究，问题的解决过程就是运用已有知识、经验和能力解决新问题、发现新知识的过程。在对问题的追寻、探究、解决的过程中，学习者养成了基本的学习力，其中包括创新能力、独立思考能力、批判能力、合作能力等高阶认知能力，这也是以问题为导向的教学实践研究的要义所在。由于教育目的、培养目标、学习内容等不同，以问题为导向的教学实践模式也十分多样，本书涉及的模型有托马斯的纵深探究模式、杜威的反省思维问题模式、布鲁纳的构建知识结构发现模式、布鲁贝克的问题课程横向探究模式、帕内斯的问题多元化创造模式。

以问题为导向的教学设计研究对于以上几种问题模型的实践性和创新性应用也是本书的创新之处。简言之，这几种模型从不同的育人角度和逻辑起点建构了不同的问题探究范式。比如，托马斯的纵深探究模式以特定问题

的纵向探究、解答为取向层层深入，在不同阶段培养学生不同类型和层级的能力。如对问题的分析能力，收集、综合信息资料的能力，归纳—演绎的推理能力，元认知能力等。在探究的过程中，教师要不断向学习者提出新的任务和挑战，一次学习之旅很像一次闯关游戏。探究模型很适合学科知识的学习。

布鲁贝克的问题课程横向探究模式不是从探究形式入手，而是注重从知识的系统性、整体性上整合问题，提高学生的综合素质。在课程内容设置上也更为注重社会性问题，如“全球化问题”“女权问题”“民主与平等”等问题，这些问题有明显的社会性、全球性、地域性、时代性特征。学习者围绕此类问题展开社会调研，如问题的现状、性质、危害、趋向等。对问题进行研讨，调动各学科知识、技能与素养分析和解决问题。可以调研报告、论文，也可以调查报告等形式完成学习任务，汇报学习成果，这种模式更适合主题活动课程的学习。

以上两种问题模式主要应用在本书的学科课教学设计研究和主题课教学设计研究中。

杜威的反省思维问题模式把问题情境的创设看成是首要的，并且这种问题情境要和现实生活情境相近或相似，这种问题模式强调学习过程中直接经验的获得，如果从学习效率的角度出发，有其局限性，本书主要采纳和实践了其问题情境创设方面的理论与实践成果。

布鲁纳是继杜威之后美国又一著名教育家，他发扬了杜威调动学生学习主动性，通过发现、探索活动促进学习的教学论。但与杜威不同，他特别重视知识结构本身的作用，发挥教师的主导作用，其建构主义学习理论是本书的重要理论依据，具体将在“以问题为导向的教学设计的理论依据”部分详尽阐述。

帕内斯的问题多元化创造模式更为关注的是问题的确立、问题的分类、问题的质量，如何多层次、多视角地审视、评价有价值的问题是这一模式的本质所在，这也恰恰是本书的重点之一，就是如何在学科课和主题课教学设计中设计出多层次、多视角、高质量的育人问题和认知问题。

综上所述，问题导向的教学设计模式多种多样，但它们有共性，即导师或教师对问题情境的创设、学生学习自主性的启发、创造性地探究问题的过程等；其差异主要体现在教学对象、认知内容、教学任务等方面，也正因为这些方面的差异，才说明这些问题教学设计模式在各自条件下、领域内存在合理性。本书博采众长，在继承与创新中探索以问题为导向的教学设计研究的新模式，是探索“立德树人”与“五育并举”实践路径的积极尝试。

二、以问题为导向的教学设计的理论依据

在理论篇笔者已经详尽地阐述了本研究的理论依据，从课程设计和教学设计两个具有垂直逻辑关系的维度来综述研究的理论依据。就一线教育教学而言，课程设计是教学设计的具体落实形式，也更有操作性。本着对广大基础教育一线教师教育教学实践提供实践性帮助的初衷，实践篇的研究重点介绍以问题为导向的教学设计模型的建构、以问题为导向的教学实践案例，这两个部分涉及教学设计实践的理论体系。下面具体介绍以问题为导向的教学设计模型建构的理论依据。

（一）系统理论的基本原则

亚里士多德说过“整体大于部分之和”，这句话很形象地解释了系统论的本质：系统不是部分的简单和机械叠加，它是部分构成的整体，但部分之间会形成有机的联系，能使部分之间形成有机联系的逻辑关系的就是结构形式。系统是一个层次分明的整体，整个体系中的单个指标要从不同侧面反映一个系统的发展变化，不同维度的指标处于不同层级，形成一定的秩序，同层级指标之间具有清晰的逻辑关系。

系统由要素、结构、功能构成。教学设计本身也是一个系统，有它自己的要素、结构和功能。系统论的核心思想是统整地理解事物和解决问题，这个思想的源头来自美籍奥地利理论生物学家L.V.贝塔朗菲。下面具体介绍系统理论的基本原则，即目的性、整体性、层次性、开放性、动态性、稳定性。

1. 目的性原则

一个系统不是孤立于外在环境而存在的，但既然能称为系统，就必然有其预设的目的，在这个原则之下，系统有其自主运作和发展的驱动力，不受外在环境和条件的限制。就教学设计而言，要根据教育目的和教学目标开展设计，要保持教育目的本身的独立性，不能随外围的环境随意改变，需要坚守教育的目的和育人的宗旨。

2. 整体性原则

系统理论之下的整体性原则的本质就是要把系统内的要素以一定的结构形式联系起来，不是要素的简单和机械叠加。以教学为例，教学不是知识点的简

单叠加，我们需要从知识维度和认知维度统整开展教学设计，既要考虑到学科知识体系，又要兼顾学习者的认知水平，以此为基础能兼顾知识维和认知维开展教学设计。

3. 层次性原则

层次性原则主要是对系统内的各要素的差别而言。一个系统内的要素类型和层级都有很大的差异，因此我们在确定其地位、作用时需要考虑它们之间的秩序性，也就是出现的时间顺序和操作的步骤差异。就教学设计而言，要考虑到教学要素之间的秩序层次，不能违背教与学的规律。

4. 开放性原则

一个系统虽然具有相对的稳定性，但其必然要动态发展，系统内部需要动态迭代，系统外部也需要不断交换能量、物质和信息，这是系统不断发展和进化的前提，也是系统保持稳定的基础。就教学设计而言，我们不能孤立于教育或者教学本身思考问题，需要关注人生、社会、自然各个领域的发展，综合地关注人的发展。

5. 动态性原则

系统的突变性是系统存在必然遇到的情况，这是一个从量变到质变的过程，是系统自我更新的发展趋势，也是设计者有目的设计的转轨节点。对于这样的变化，应该以主动和自觉的态度去迎接变化，主导变化。从教学设计的角度看，就是关注教与学背后是活生生的人，人的变化与发展才是建立教学设计动态性原则的依据。教育学的本质也是人学，我们需要以动态思想去把握全局。

6. 稳定性原则

开放性和动态性是系统的特点，与之看似相反的稳定性也是其重要的特点，万物皆需辩证看待，相反相成、相克相生。开放和动态的系统本身具有自我调节能力。这种能力是相对稳定的，也是保持系统相对稳定性的能力。这也是人的属性，我们能在无序中确定有序，在秩序被打乱后以结构化的思想恢复秩序。稳定性原则也体现在教学设计中，既然是设计就存在预设性，当实践与预设相违背时，及时调整以适应现实，这也是教学设计需要遵循的重要原则。

（二）系统理论在教学设计中的应用

系统理论在教学设计中的应用主要体现在两个方面：一是把教学看成一个由诸多要素构成的系统；二是运用系统的方法处理教学问题。

1. 教学系统

教学是由一系列要素组成的有机体，如教育者、学习者、教学媒介、教学策略、教学方法、教学方式等，这些要素围绕着认知问题产生有机的联系，在教学过程中不断发生交互，产生阶段性教学效果。任何要素的缺失都可能导致系统的变化，各个要素之间失联也会导致系统的问题，因此我们在做教学设计时首先需要厘清教学系统中有哪些要素，它们该如何联结。比如，教师和学生的关系就是教学中最重要的一组要素，是以教师为主体、学生为主体，还是双主体或者主体间性，这组要素之间的关系决定了后续的教学方式和方法。当然这一切都取决于我们的教育目标，我们“为谁培养人才”决定了我们“培养什么样的人”和“如何培养人”，这都需要我们在教学这个系统中去判断和确定。

教学系统也有不同的层次，教学作为课程实施的基本途径是构成课程系统的基本要素，但它本身也是一个独立的系统。比如，学科教学、单元教学、课堂教学等都被看成划分教学系统的不同维度。还可以从教学的组成要素来划分教学系统，如知识系统、认知系统、教师系统、学生系统、教学方法系统、教学内容系统等。每个系统内部也有自己的构成要素，比如，教师系统包括教育理念、学术素养、学科素养、道德品质等。每个系统中要素之间也有着必然的联系，以一种秩序或条件关系来制约和影响着彼此。以教师系统为例，决定一位教师基本素质的是他的道德品质，师德永远是第一位的，然后才是教育理念、素养、技能层面的考量。因此，我们在进行教学设计时就要厘清各个系统内部和各个系统之间的关系，这也是以问题为导向的教学设计研究的要义，所谓的“以问题为导向”就是明确教学设计的目的和目标，然后才能建构各级各类的教学系统，并在系统中发现问题和解决问题。

2. 教学系统方法

在明确了教学系统之后，我们在进行教学设计的时候就会有基本的方向，进而来选择系统的方法开展教学设计。相对于教学系统，我们该采用哪些系统的方法呢？这就要看我们立足于哪个系统开展教学设计。以单元教学设计和课堂教学设计为例，二者的区别就在于对课时的把握，这需要围绕时间维度开展设计，但时间维度背后更本质的问题是对知识维度和认知维度的关系的把握，教师如何在特定的时空以特定的方式组织教学，让学习者能以特定的方式接受新知。对这些因素进行综合考量后，我们才能决定教学活动的时长。通常我们说的课堂教学是指一节课（40~45分钟），而单元教学一般指一个主题或教学单元，它分成若干个课时完成。再宏观一点就是一个学期或一整个学段的教学，而这类教学设计我们往往需要从课程设计的角度来整体设计，所以课程设计和教学设计是“大”与“小”之别。

相对于不同的教学设计系统，我们采用的系统方法也不同。比如，单元教学的周期长，我们可以采用项目式学习设计整个单元的学习任务；而课堂教学的时间颗粒度比较小，我们可以采用教授式，或者以解决某个具体的知识问题为目标来开展教学设计。

三、以问题为导向的课程设计与教学设计的关系

从课程概念的起源来看，广义的课程是指“学校所教的所有内容”；狭义的课程是指“为学习者在特定发展时期制订的特殊教育计划”，它是按照育人的目的要求和课程的内部各要素、各成分之间的必然联系而制定的学校的课程计划、课程标准和编制各类教材的过程，是课程建设这个系统工程的重要组成部分。形象地说，课程设计是对学习者学习过程的轨道的设计，所有课程的设计都是有目的和预设的，是为检验学习者受到的教育性结果而存在的，而教学设计具有明显的意图性和可操作性，其涵盖了聚焦认知问题、教学内容、教学实施、教学评价等基本要素。

课程设计的一个下位概念就是教学设计。如果说课程设计是教育计划层面的设计，那么教学设计就是指向学科或者育人方面的课堂教学设计，它是课程设计的具体操作程序层面的设计。本章节重点介绍以问题为导向的教学设计模型在课程开发和教学实践中的应用，更为具体地讲是此模型在学科课教学设计和主题课活动教学设计中的应用。主题课程是深圳市高级中学自主开发的课程，因此我们的研发团队是以课程开发为逻辑起点开展研究的，研究体系包括课程设计和教学设计两个层面的研究范畴。学科课程是国家课程，基于此，我们研究的逻辑起点是教学设计。无论是国家课程、校本课程，还是学科课程和主题课程，课程都是连接教与学的纽带，是教师与学生、学生与知识、教师与知识产生多维互动的枢纽。作为一线教师，不能只局限于课堂教学设计的研究，应该立足更为宏观的课程设计视野开展教学设计研究，只有这样，才能以教育教学的高维视野观照和把握教育教学的微观实践。

以问题为导向的教学设计在教育教学微观层面将主题课程与学科课程连接

起来。我们以问题为导向开展课程开发和教学实践层面的研究，锁定教与学的各级各类问题开展教学设计。相对于课程设计，教学设计的过程具有明确的目标指向性、操作过程性和实践创造性。对于一线教师而言，以课程设计的视野思考教学设计的定位能打开更开阔的教研视野，能从更大的育人格局思考微观的课堂教学，而这条贯穿顶层与微观教学研究的线索就是教育教学的各级各类问题。因此，以问题为导向的教学设计将设计各级各类问题作为课前教学研究的重点，这也是课程设计与教学设计的连接点，在实践篇会重点介绍各级各类问题设计的原理。问题导向教学设计的关键在于教学设计过程中拟解决的各级各类问题是确定的，而在解决问题的过程中，产生的新问题是动态的，把抽象的问题转化为可操作的行动指南和说明书，就是教学设计的过程。课程设计和教学设计的区别，可简单理解为一个是对课程的中观设计，一个是对课程的微观设计。中观设计需要教师对课程的把握更全面系统，需要从课程标准层面考虑问题；微观设计需要教师对课程的把握更具体实际，具有明显的操作性、程序性和实践性。本书实践篇把以问题为导向的教学设计模型建构作为实践层面的理论指导，以学科课和主题课的教学设计原理与案例为载体具体解析此模型运用的过程和效果。

四、教学设计中的各级各类问题的确定

在以问题为导向的教学设计研究中，我们解构了传统的教学设计范式，以问题为导向和核心开展教学设计。传统的课程目标是对课程实施后学生学习结果的整体要求，教学目标是课程目标的具体化和操作化过程。在以问题为导向的教学设计研究中，我们要求在学科教学和主题活动教学中，教学设计者要将课程目标和教学目标转化为各级各类的问题呈现，这就需要教师首先厘清“问题”的概念。我们要求教师立足学科课程标准从大单元设计的角度来撰写教学设计，再以课时为单元，具体化为教学设计。对于主题教育课程，我们根据不同的学段，依托国家课程，比如，小学的社会与生活，初中的道德与法律，高中的思想政治，同时结合校本课程来撰写教学设计，再以课时为单元具体化为教学设计。但无论是课程设计还是教学设计，关键词都是“以问题为导向”，对于一个单元的课程或者一节课的教学，什么是“问题”呢？又该如何设计“问题”呢？这是我们研究的重点，也是我们开启教学设计模式的新逻辑起点。传统的教学设计主要包括目标、内容、结果、评价等要素，而本书将这

些较为抽象的概念转化为“问题”呈现在教学设计中，以问题为导向和线索开展教学设计，从本质上看，并没有否定传统的教学设计原理，而是以更加便于教师和学生在教与学的过程中去理解和实践课程为目的。基于此，我们以各级各类问题来表征教学设计中涉及的知识、能力、情感态度的目标，化抽象为具体，变静态为动态，转陈述为行动。

上文中已经阐述过以问题为导向的教学设计解构传统教学设计的基本原理。从形式上看，以问题为导向的教学设计是以“锁定全面育人问题”“聚焦学科认知问题”“创设教学情境问题”为程序来设计各级各类教学问题的，其中“锁定全面育人问题”相当于确定教育目标，“聚焦学科认知问题”相当于确定聚焦认知问题，“创设教学情境问题”相当于设计教学实施中的学习任务。三类问题的性质有本质的区别，在教学设计中，三类问题也处在不同的层级，以不同的形式和表征方式出现。以高中学段为例，“锁定全面育人问题”就是基于国家“立德树人”的育人宗旨，进而落实“五育并举”的任务来设计问题，这个层面的问题属于如何培育学习者素养的问题，其中涉及学习者的品德素养、身心素养、学习素养、创新素养、审美素养、信息素养等。“聚焦学科认知问题”这个层级的问题属于如何提升学习者思维品质的问题，其中包括创造力、批判力、想象力、分析力、读写能力、运算能力等。“创设教学情境问题”这个层级的问题属于如何在模拟或真实情境中完成具体学习任务的操作性问题。这三类问题在教学设计中要以清晰的逻辑呈现，并能形成系统的问题体系。但在具体的教学实践中，人的素养、思维、能力和技能并不是按时序出现的，有些甚至是杂糅、螺旋式提升的，因此就需要以问题为导向的教学设计将几个层面的问题融会贯通，体现学习过程循序渐进的特点，在教学方式上，采用项目是小组合作学习完成挑战性的学习任务。

五、教学设计模式的类型

教学设计按其理论来源可以分为以下几个经典教学设计模式：行为主义的教学设计模式、认知学派的教学设计模式、建构主义的教学设计模式。

行为主义的教学设计模式是在行为主义心理学基础上发展起来的，它是以观察人的行为为逻辑起点开展对人的行为的本质和规律的探索的。其理论的代表人物有华生（J.B.Watson），经典行为主义教学论的代表，还有桑代克的联结主义教学论和斯金纳的程序教学论。

认知学派的教学设计模式源于认知心理学，它致力于研究人的智能或认知活动的性质、过程和类型。其代表人物有皮亚杰、布鲁纳和奥苏贝尔。皮亚杰的认知发展理论、布鲁纳的认知发现说、奥苏贝尔的认知同化说在学界影响都很深远。

建构主义的教学设计模式以建构主义教学理论为基础，强调学习的本质是学习者主动建构和表征知识的过程，教学过程是师生对世界的意义进行协作建构的过程。建构主义教学设计模式是本书的重要理论依据，依据建构主义的理论和教学实践模式，我们依据学情开发了以问题为导向的教学设计模型，同时借鉴了教学设计过程模式和教学设计问题模式的建模原理，形成了贯穿基础教育12年的以问题为导向的教学设计模型。下面再具体介绍一下过程模式和问题模式的设计原理。

教学设计的过程模式强调教学设计的基本环节，也就是强调操作性和程序性，此模型开发的代表人物有肯普、迪克—凯瑞和史密斯—雷根。这类教学设计模式突破了课时主义的藩篱，立足于大单元教学设计或单课时教学设计，对于一线教学来说非常有实用价值，也是本书借鉴的教学设计模型之一。

教学设计的问题模式把解决教学问题作为教学的核心任务，这类教学模式强调教学方案的设计。比如，问题解决的策略包和知识库，这也是以问题为导向的教学设计模型研究的重点。本书不仅重视建构主义理论和实践在教学设计中的应用，同样重视“问题解决模型”的建构，“问题导向”“任务驱动”“自主建构”“学生主体”“合作探究”是以问题为导向的教学设计模型的要素。从教学设计实操性来看，可以具体化为分析、设计、开发、实施和评价五个环节，而问题导向不仅仅局限于学科教学问题的设计，基于“立德树人”和“五育并举”的育人立场，在教学设计中可以围绕“全面育人”分级分类设计多维度和多层次的问题。通常在学校教育中会把学科课和德育课作为两条平行的研究线索来开展教研工作。从行政管理的角度看，学校也分立教学处和学生处两个部门；从课程实施的角度看，学科教师主要负责学科课教学，班主任主要负责德育课教学。在基础教育领域，这是一套由来已久的教研和管理体系，但随着新一轮课改、教改和中高考改革的到来，教育领域从“立德树人”的宏大教育背景，思考“课程育人”的新内涵，将育人的整体性、主体性、全面性和科学性作为“课程育人”的新起点，让“理想的课程”走向“经验的课程”“领悟的课程”“运作的课程”，以真实的教育教学问题为任务驱动开展有“生产力”的教学实践研究，立足于课程开发和教学实践来反思二元对立的教学观和课程观，一改重教学、轻研究，重要素、轻系统，重接受、轻建构，重知识、轻能力的教学困境。以问题导向的教学设计研究尝试从“课程育人”“问题导向”的立场探索课程育人新的生长点和内涵。

在本书中主要以学科课教学设计、主题课教学设计作为案例来呈现“课程育人”的成果，学科课同样承担着育人使命，主题课也承担着学科素养的培育。这就需要学校课程实践主体提高系统思维能力，将学校育人实践嵌入“培养社会主义合格建设者和可靠接班人”的根本任务，系统回答“培养什么人”“为谁培养人”“怎样培养人”的教育命题。只有在教育的大格局中思考教学问题，才能设计出落地的课程，纵向将学段教学贯通，横向将各学科教学联结，打破不同课程在育人功能上的不可通约性。

六、以问题为导向的教学设计模型的特征

教学设计的模式不尽相同，各有优长，不同研究者可以根据不同的立场和实践需要援引与借鉴，更重要的是基于经典模型进一步开发适合本地、本区域和本校学情的个性化教学设计模式。就教学设计模式而言，其形成过程和运作模式有很多共性，在研究中我们借鉴共性，在此基础上开创个性化设计过程和运作方式，在做个性化研发之前，我们首先要梳理经典教学设计模型的一些共性特征。

（一）系统性特征

前文我们已经陈述过系统理论在本书中的应用，就教学设计模型的开发而言，系统理论依然是不二法宝。在研究中我们不仅要厘清教学设计的要素，更要匹配与之适合的系统方法。从教学设计和实施的过程看，教学主体（教师和学生）、各级各类教学问题、教学内容、教学手段、教学方法和教学评价是我们要考虑的关于教学设计的基本要素，我们以一定的逻辑和程序性操作把这些要素组织起来形成可实施的教学环节与步骤。这套实施体系的建立，其逻辑起点就是以问题为导向组织教学设计，“锁定全面育人问题”“聚焦学科认知问题”“创设教学情境问题”就是我们开展教学设计的基本逻辑。教学设计者和实践者围绕各级各类教学问题开展教学设计，形成教学设计的目标体系、运作体系和评估体系，构成了以问题为导向的教学设计的系统。

（二）结构性特征

教学设计一旦形成就具有一定的结构性特征，要明确教学设计的结构，首先要明确结构的概念。所谓结构就是一个系统内部各要素之间相互关联和作用的方式，包括各要素所占的权重、数量、次序以及因发展而引起的变化，它是事物存在的方式。结构分析是整体把握系统的前提，这种分析方法在自然科学中早有应用，如生态系统的结构分析、数学中的结构概念等；在人文学科中，结构分析依然有其应用价值。对于建构教学设计模型而言，结构分析就是对教学的基本要素进行分析后建立要素之间逻辑关联的过程。

（三）建构性特征

对教学设计进行结构分析时，也有不同的分析模式。早期的教学设计模型大多是线性的，将知识内化的过程分为“接受”和“内化”两个类型，在学校课程实践中，接受性教学体现出实施易、操作简、效率高的特点，教师一般倾向于选择接受性教学。对于一般意义的知识与技能的传授，这种单一的教授方式有其优越性，但对于复杂问题（非良构问题）、价值问题、伦理问题、道德问题，这种教授方式就减少了学习过程中的生成、求证、检验等环节，学生缺少发现问题、分析问题、解决问题的主动建构的动态过程，学生掌握的知识只是局限在文本层面，并没有通过真实情境内化为素养、能力和品格。在现实教学情境中，教育教学问题是复杂而多变的，所以教学设计模式也不是简单的线性设计理念能全面把握的，这就涉及以问题为导向的教学设计模型的建构性特征。从建构主义理论出发，我们认为教学过程是一个主客体交互建构意义世界的过程，在此理论背景下，无论是应用已有的教学设计模型还是建构新的教学设计模型，都受设计者已有学习经验的制约和影响，这就是建构的意义和价值。在以问题为导向的教学设计模型研究中，我们将建构贯穿于理论和实践研究的始终。

（四）稳定性特征

教学设计模型的形成是一个渐进的过程，它是人们对教学设计实践经验的总结，一旦形成就有其稳定性。虽然对于整个教学系统而言，动态性也是其特征之一，但其变化也呈现一定的趋势，遵循一定的规律。以问题为导向的教学设计模型研究历时10年，在理论和实践层面都形成了相对稳定的模式，一线教师在教育教学中也以此为依据开展相关的主题课或学科课的教学设计，逐渐形成了以问题为导向的教研文化。深圳市高级中学是一所公办集团化学校，贯通

12年基础教育，这是我们开展研究的良好基础，在系统性育人视角的统领下，我们从纵向学段和横向学科方面思考育人的整体目标，在实践中形成了文化育人、活动育人、实践育人和管理育人的稳定力量，这种稳定性是育人协同性和整合性合力的体现。

（五）实用性特征

教学设计的目的就是解决教学实施中的实际问题。我国始终把人的全面发展作为教育的根本宗旨和目的，并为实现这一宗旨不断推进各个阶段的教改。从素质教育改革到新世纪基础教育改革，再到当下核心素养的热议，尽管每个阶段的侧重点不同，但最终都要回归教学实践。一线教育工作者重在回答“如何培养人”的问题，因此我们的教学设计要体现其实用性特征，设计者要关注学生在教学过程中的素养是如何形成的，学生在获取知识的过程中是如何发现问题、分析问题和解决问题的，这是有效教学要回答的实际问题。所以实用性是教学设计模型的特征之一，这就要求设计者从最基本的教学问题出发开展教学设计，如聚焦认知问题、教学主体、教学内容、教学策略和手段等。在以问题为导向的教学设计模型研究中，我们紧紧围绕问题导向设计教学中的各级各类问题，本着统整育人的理念把教育和教学融汇起来落实“立德树人”，以课程开发为路径、以教学设计为抓手建立“五育并举”的落实体系。

七、以问题为导向的教学设计模型的基本框架

以问题为导向的教学设计研究以经典教学设计理论为依据，以“立德树人”为最高育人宗旨，以落实“五育并举”为任务，以培养具有全球竞争力的未来人才为目标，继承并创造性解构传统意义的教学设计模型，将建构主义、认知学派、系统论等经典的心理学、教育学、工程学领域的理论与实践成果统整运用到教学设计模型的建构中，开发了以问题为导向的教学设计模型。此模型将教学设计过程划分为三个阶段：课前问题研究阶段、课堂问题解决阶段、课后教学评价阶段。

（一）课前问题研究系统的建构

课前问题研究阶段相当于传统教学设计的确定教学目标的过程，不同的是我们立足“立德树人”和“五育并举”的宏观教育背景，以问题为导向来确立各级各类育人问题，围绕“立德树人”设计育人和教学问题，从不同学科、不同学段、不同认知水平将育人和教学问题分级分类，系统化开展教学设计，将

“五育并举”统整设计在教学过程中，打破分科主义和课时主义，从培育学生的核心素养出发，回归教学实践，以横向融合、纵向贯通的逻辑设计三维立体的网状课程体系和教学系统。基于此，我们把教育教学问题研究过程分为三个阶段：锁定全面育人问题、聚焦学科认知问题、创设教学情境问题。这也是课前问题研究的三个阶段，从育人的宏观问题、学科学习的认知问题到具体的课堂学习的任务问题，研究教育教学的问题类型和层次。

1. 锁定全面育人问题

锁定全面育人问题是课前问题研究的初始阶段，是从育人的宗旨和理念层面来思考教学设计，要回答的是“为谁培养人”和“培养什么人”的问题，党的十八大以来，习近平总书记重点强调要从维护我国意识形态安全、培养合格建设者和可靠接班人的高度来明确育人目的，因此“为社会主义培养建设者和接班人”是育人的起点，也是教育的核心价值所在。世界文化价值日益多元化，随着互联网和新媒体的快速发展，信息传播和获取的速度更快，青少年所处的社会思想文化环境十分复杂，这为学校思想政治教育带来新的挑战。这要求教育者有正确的社会主义核心价值观，自觉提高思想认识，不断强化阵地意识，做到既要教好书，又要育好人，以“四有好老师”的标准激励和约束自己，坚定政治信仰、厚植爱国情怀、锻造方正人格、积极弘扬主旋律、积极传递正能量，以高尚的人格感染学生，以深厚的专业功底赢得学生。这是任何学科、学段和学习活动都要遵循的最高育人宗旨。因此我们把“锁定全面育人”作为课前问题研究阶段，也是首要阶段。每位教学设计者都需要根据其所教学科、学段在教学设计中明确这个层面的育人问题并能以文字形式撰写，以相应的学习活动开展探究性学习。

2. 聚焦学科认知问题

对于学习而言，我们首先要关注两个核心概念：一个是“知识”，另一个是“认知”。知识是教育系统的基石，课堂中教师传递给学生的知识对于学生而言只是一种信息，学生在接收信息后转化为自己的体验才会形成自己的知识。这个转化的过程，我们称为“认知过程”。经历了这个过程，学习者才能成为具备批判性思维、创造性思维和问题解决能力的人。由此可见，在教学过程中，知识与认知是需要一个转化过程的，教育者要千方百计地思考如何把已有的知识（信息）传递给学习者，并能经由学习者转化为自己的知识，这样的知识才是生成性的、建构性的，也只有这样的知识才能帮助学习者解决现实生活中真实而复杂的问题。这样的知识实际上是一系列的技能和能力，而不是静态的书本知识。因此，以培养学生的认知发展为核心，统筹知情意行协调发展是以问题为导向的教学设计研究的重点。人的基本认知的培养仅仅局限在智力和能力层面是远远不够的，还应该重视德智体美劳的全面发展，因此“聚焦学科认知问题”这个阶段的问题设计，不局限于学科知识本身，或者说要在学科知识的教授中融合综合素养的提升。

我们所聚焦的认知问题包括对“知识目标”的分类，也包括对“认知目标”的分类。当代最著名的课程理论与教育研究专家安德森（Anderson L.W.）将知识目标和认知目标进行了系统的分类，将知识目标分为事实性知识、概念性知识、程序性知识和元认知知识，将认知目标分为记忆、理解、应用、分析、评价、创造。从学习领域看，学生需要学习的知识不仅是学科知识，这些知识来自一个人发展的全部知识领域，而“五育并举”以最简洁和凝练的语言表达了学习者应该涉猎的领域。因此，除学科学习外，我们还要从德、智、体、美、劳五个方面甚至更多领域关注人的全面发展，我们在教学设计中也需以此为依据聚焦学科认知问题的设计，找到“学科素养”和“核心素养”的交集，综合性地落实在课堂教学中。

3. 创设教学情境问题

在课堂教学中，教与学的互动线索基于学习任务，而学习任务是由具体的、真实的教学情境问题构成的，这类问题是解决育人问题和认知问题的落地问题。所谓的落地问题是指导学习者通过学习任务，以某种学习方式完成具体学习指令的问题。情境问题的提问框架由三部分构成：问题提出的逻辑起点、问题提出的终点指向、问题提出的过程逻辑。问题提出的逻辑起点常起于教材或教学内容，这些内容是提出问题的基础；问题提出的终点指向育人和认知问题的解决。以认知问题为例，从多元智能的理论看，任何一个问题都潜藏着多个智能的倾向，所以学科教师在设计课堂教学的情境问题时需要考虑“学科素养”边界，不能提出大而不当的泛化问题。

下面我们以具体的学科课堂情境问题为例来呈现此类问题设计的逻辑。比如，学习用函数统一理解初中学过的函数、方程与不等式的联系，逐渐学会利用函数解决相关的数学问题，体会数学内容之间的联系，提升直观想象与数学运算素养。这是一个具有明显的学科素养要求的聚焦认知问题，属于学科认知问题，这个问题需要在课堂教学中具体化为情境问题。比如，基于不等式

$ax^2+bx+c>0$（$a\neq0$），给出相应函数图像，分析求解的程序。下面我们再看一个历史学科课堂情境问题设计的例子："在本模块的教学过程中，教师要注重梳理中外历史发展的基本线索和主要阶段，引导运用历史唯物主义的基本立场、观点、方法；在历史时空框架下把握重要的历史事件、历史人物和历史现象，以及人类文明的重要成果，理解历史进程中的变化与延续、继承与发展、原因与结果，建构历史发展的前后联系，认识历史发展的总体趋势"。这是《普通高中历史课程标准（2017年版）》对高中历史学科某一单元模块的教学要求，这一要求需要落实在历史课堂教学中，转化为具体的课堂情境问题。比如，情境问题1："请同学们阅读《资治通鉴》卷一中（'威烈王二十三年初命晋大夫魏斯、赵籍、韩虔为诸侯'，及'臣光曰'后面的段落），并能翻译和理解几段文字的字面意思。"情境问题2："通过理解'臣光曰'那段材料，知道司马光对'三家分晋'的态度以及他对该事件发生原因的看法。"通过以上学科课堂教学问题的例子，我们可以初步理解课程标准中呈现的中观育人问题如何转化为课堂教学问题。

以上我们分别以自然学科和人文学科为例，为读者呈现了学科认知问题如何在课堂教学中设计为具体的情境问题。接下来，我们再以主题教育课程为例，具体解析宏观育人问题如何落实在课堂教学设计中。从"立德树人"的最高育人宗旨出发，我们可以在宏观层面设计多维育人目标。比如，"落实学生对'政治认同、科学精神、法治意识、公共参与'等具有中国特色标识的认识、理解和践行"，这是中观的育人目标，需要进一步设计为主题教学情境问题。例如："校训确立的依据是什么？它对于我们的学习和成长有什么影响？"从这个具体主题教学问题的探究中，教师可以引导学生思考教育目的、办学理念、人才培养方向等问题，从具体而微的问题中引导学生树立社会主义核心价值观，从而解决"为谁培养人""培养什么人"的育人问题。

课前问题研究阶段是开展以问题为导向的教学设计的初始阶段，是对教学问题进行分级分类描述的过程，是开展教学实践的育人目标体系。这个阶段的方向正确，后续的课堂问题解决和评价系统才能有效运作。

（二）课堂问题解决系统的建构

上文我们对课前问题研究系统的建构进行了详尽的叙述，在此基础上我们继续介绍课堂问题解决系统的建构。如果说课前问题研究系统是一个以目标为导向的系统，那么课堂问题解决系统就是在此基础上以操作为导向的系统。在这个系统中我们要从教学要素如何有机联系，这些要素在教学过程中如何以一定的程序和序列转化为教学行为为核心进行建模。具体要考虑的问题有：运用何种教学方式？设计哪些类型的学习项目？采用什么教学方法？首先，我们来看一下以问题为导向的教学方式。

1. 小组合作学习的范式

全面育人和统整育人是以问题为导向的教学设计研究的核心目的之一，基于此，教师要设计相应的教学活动来解决相应的问题，其中小组合作学习和项目式学习是与之匹配的重要教学方式。

PISA2015定义合作解决问题能力为“个体有效地参与由两名或两名以上的成员组成的团队，通过团队成员间共享理解和达成共识，付出努力寻找解决方案，汇集团队成员的技能、知识及行动来得出问题解决的方案，最终解决问题的能力”。问题解决能力是未来人才的核心能力，它指学习者在完成一项学习任务时试图跨越现状与理想状态之间距离的能力。在这样的问题情境中，学习者面对的问题复杂而多变，不仅涉及学科知识，还包括情感态度和意志品质的考量，也并非一个人能独立完成学习任务，需要团队经过批判性思考、集体决策、合作探究才能完成艰巨的学习任务。这样的学习任务不是传统课堂输出的记忆性知识，在经过基本的记忆性知识、概念性知识和程序性知识的学习后，更多的是检测学习者的元认知知识和能力的获得。

小组合作学习就是对学习者问题解决能力培养的重要教学方式，其组织特点是根据青少年的认知水平、行为能力和心理特点，以同伴范式建立以问题为导向的新型学习人际关系。小组合作学习是一种基于多维互动关系下的独特的学习组织形式；是一种可以发生深度学习的学习场景；是一种融合跨学科学习内容，提升综合学习能力的学习平台；是一种以学生为中心、教师为指导者、家长为管理者的互动学习模式；是一种可以发生协作创新的学习社群；是一种可以动态迭代的个性化学习生态系统。小组合作学习是一种以打开跨区域、跨学科、跨领域的学习视野为前提，以寻找学习中的同道者为关系起点，主动构建三观默契、志趣相投、思想共鸣、认知互补的学习小组完成主题学习项目的过程。

小组合作学习不同于教授式学习，学习小组的成员需要在“约定的困境”中发现问题、确定问题，在探究中建立学习动机，以引起激动、兴奋、愉快的学习心理。在复杂的问题情境中，学习者需要通力合作发现新知识的结构同题，并促进新旧知识之间的迁移，以使自身的知识结构融会贯通。小组成员在对问题进行研讨时，需调动各学科的知识素养，允许每个成员就问题提出自己的观点，激励思维，在研讨中将各学科知识整合到学习者自身的发展上。

2. 项目式学习的概念

项目式学习要求学习者以问题解决为目的，基于现实世界开展探究活动，并且最终呈现项目成果的教学模式。项目式学习的结果力求学生可以运用对社会产生真实影响力的产品或报告来呈现。从项目式学习的定位来看，以美国巴克研究所和马克汉姆为代表的学者，认为项目式学习是一种教学模式，以教师为主导、以学生为主体设计相关问题情境和学习任务，学生在教师的指导下完成开放性的探究活动；而以国外布鲁门菲尔德，国内黎加厚、刘景福和钟志贤为代表的学者，认为项目式学习是一种以学生为中心的学习模式，强调学生在自主探究的过程中能够主动建构形成新的知识，是一种探究式的学习过程；还有一类是以福格蒂（Fogarty）为代表的将项目式学习视为一种以真实世界中的问题为核心设计的课程模式。

在项目式学习呈现方面，项目式学习首先强调问题和情境的真实性，以真实的问题为导向，以真实情境为载体，让学生在真实的环境下开展自主学习和探索；其次是项目式学习的过程真实，通过学生对于项目的独立思考以及合作探究，实现学生学习的真实化表现；最后是项目式活动的评价真实，通过真实解决项目中存在的问题生成项目成果，从而形成相应的质性及量化的真实评价。

在项目式学习达到的目的方面则强调学生在项目式学习过程中对于知识的自主建构以及对于创新和实践等高阶思维与能力的综合素质培养。基于此，本书对项目式学习定义如下：项目式学习是学生在教师设定的问题情境中发现与真实情境相关的问题，经过教师和学生对于问题的整合，形成相关项目主题，通过主题设计学习活动，探究和解决学习问题，围绕真实的、具有挑战性的非良构问题进行持续性的开放探究，以形成小组学习成果，从而建构自身知识体系和提高自身综合素质的一种教学模式。

3. 项目式学习的关键词

尽管不同的研究者对于项目式学习的概念有不同的研究方向和视角，但笔者在阅读了大量相关文献后，将其对项目式学习概念的共性以关键词的形式总结如下。

制作作品；真实世界；解决问题；学习项目；实践体验；探索创新；获得技能；小组合作；探究；自我学习；核心素养；问题情境；自主思考；合作探究；做中学；跨学科；综合能力；多元能力；动手实做；成果展示；设计任务；多学科；活动性；自主学习；分解任务；群体合作；学生主体；超越学科；展示交流。

4. 项目式学习的类型

在项目式学习的教学实践标准方面，为了更好地让教师把握项目的设计和实施，国外对于项目式学习的实践标准也进行了总结和归纳。其中，BIE在其出版的《项目式学习手册》中提供了一个项目式学习设计的“6A”参考框架，“6A”即真实情境（authenticity）、严谨规范（academic rigor）、知识应用（applied learning）、主动探究（active exploration）、成人参与（adult connections）及评价实践（assessment practices）。该框架比较详细地列举了项目设计中应考量的具体问题，对一线教师而言具有较强的可操作性。

在项目式学习的教学运用方面，国外的研究者进行了大量的实践和实验。项目式学习在国外也开发了一些以项目式学习为载体的课程实验。伯曼及卡茨等设计的项目式学习以多元智力理论为指导，将项目分为结构式项目、主题式项目、体裁式项目、模板式项目及开放式项目五种，通过对智力进行三级分层，形成三阶段活动，收集观点、加工活动以及应用观点并且形成最终作品。本书在主题活动课教学设计研究中主要采用了主题式项目学习方式。

布鲁斯·坎贝尔对项目式学习的研究强调学习者要围绕项目展开全部学习，学生对他们感兴趣的学习主题进行初选，由教师主导对初选主题的再筛选，这类主题学习大都以大单元教学来设计课时，大都持续时间较长。本书在主题活动课教学设计研究中主要借鉴了这种筛选和确定主题的方式。

5. 项目式学习的学习内容

从学习内容来看，在项目式学习中，学习内容是由某类社会问题呈现的，其种类横向链接生活领域的各个方面，纵向贯通学习领域的各个层级。项目式学习鼓励学习者在“做中学”，通过合作完成学习项目，达到综合学习和深度学习的效果，是明确学习目标、扩大学习场景、丰富学习意蕴、加深学习趣味、提升学习效果的新型学习项目综合体。本书的实验基地，深圳市高级中学四个校区覆盖基础教育十二个学段，作为一个完整的12年一贯制集团学校，它可以运用项目式学习横向链接平行学段的学习广度，纵向贯通垂直学段的学习深度，为适龄和适学儿童量身定制综合学习项目。依据各学段学习者的身心发展规律、认知风格、思维发展层级、多元智力水平，精准对接学习者的阶段性和终身学习需求，分级分类设计相应的小组合作学习项目。

6. 项目式学习的基本环节

项目式学习与传统的课堂教学的课时安排有很大不同，传统课堂以知识点为单元安排一节课或一个单元的课时，项目式学习以一个主题学习项目为单元安排整个学习的进程。很多海内外研究者对项目式学习的操作过程发表了自己的研究成果。从宏观层面来看，其操作过程大致分为项目准备、项目实施、项目评价三个阶段。从微观层面来看，项目式学习包括六个基本步骤：选定项目，制订计划，活动探究，作品制作，成果交流，活动评价。本书将宏观和微观流程整合为以下四个阶段。

（1）立项阶段：学习者以小组为单位形成同伴学习团队，该团队必须用疑问、难题、关注点或挑战对项目进行定义，使项目学习得到清晰简明的表述。

（2）筹划阶段：教师要准备所有设备，制定学校团队应遵循的工作程序，准备好工作表和实验技巧指南。学生需要对个体和团体的工作进行计划，安排好学习活动需要采取的步骤。

（3）实施阶段：项目的实施过程需要教师和学生共同努力，其中，教师扮演导演或教练的角色，而学生则是项目中的团队成员或工作者。

（4）评审阶段：教师和学生都要观看以陈述、展览等形式的成果展示。

7. 项目式学习的操作流程

项目式学习采用的重要学习方式之一就是小组合作学习，小组成员合作完成学习项目中各级各类的问题和任务。传统课堂中的学习小组多是因为讨论某个具体问题而形成的，受限于课堂时间，其合作是短暂而浅表的。但在项目式学习中，学习小组需要建立系统化的合作机制，它是以问题为导向、以证据为中心来开展探究式合作的，其合作流程如下。

（1）探究与理解：组织成员确定与学习项目相关的各级各类问题，并收集团队成员的观点，讨论后确定解决问题所需的合作交互类型，明确解决相关问题的角色。

（2）表征与形成：小组内成员建立集体认同的表征和协商问题的标准与内涵，经讨论后小组成员能清晰描述要解决的问题及其相关方法，根据具体问题为小组成员分配任务。

（3）计划与执行：小组成员能将初期讨论的结果形成项目学习计划并撰写文案，成员能按行动计划和方案开展学习活动。

（4）监督与反馈：在小组学习进程中，小组内要建立相应的督察和反馈机制，来调控问题解决的进程，根据问题解决的程度来调整学习人、时、空、物等学习条件。

8. 问题解决的基本流程

以问题为导向的项目式学习是以发现问题、分析问题和解决问题为基本线索的，小组合作学习的过程就是问题解决的过程，需要有专业的问题解决策略和方法。

学习小组能在教师的引导下独立应用、说明和解释问题，发展批判性思维和问题解决能力。教师在教学过程中以学习者为中心，参照学生的知识和经验，满足他们独特的需要，使学生的能力都得到发展，并确保学生有机会运用和证明他们对学习技能的掌握。因此，我们在项目式学习中分级分类设计了相应的问题导向学习流程（见表5–1）。

表5–1　问题导向学习流程

（1）学习者研究来自人文学科、自然学科、社会生活中的问题	学习者自己发现和提出问题	学习者从问题中选择，提出新问题	学习者对教师、教材或其他来源提供的问题进行提炼或澄清	学习者探究来自教师、教材或其他来源所提供的问题
（2）学习者以充分的证据回答问题	学习者（自己）明确什么可以作为证据来解释和分析问题，并进行收集	学习者在教师的指导下收集数据	学习者对所收集的数据进行分析	学习者以科学的方法分析数据
（3）学习者根据证据形成解释	学习者通过推理、概括总结证据并形成解释	学习者在教师的指导下根据证据形成解释	学习者按照教师提供的科学方法使用证据和形成解释	给学习者提供证据
（4）学习者迁移旧知，解释新知	学习者独立检验其他学习资源，形成与解释的连接	学习者被引导到某些科学知识领域或来源	向学习者提供可能的连接	向学习者提供可能产生连接的具体路径
（5）学习者交流和论证解释	学习者通过合理的、逻辑性的论证来交流解释	学习者在阐述解释的过程中得到指导	向学习者提供改进交流的指导纲要	向学习者提供交流的具体步骤和程序

9. 项目式主题课程的开发

以问题为导向的教学设计研究是基于学科学习和主题学习而开展的，学科课程为国家课程，我们基于国家课程标准来实施课程，运用以问题为导向的教学设计来开展教学实践。主题活动课程为深圳市高级中学自主开发的校本课程，有完整的课程开发体系，以问题为导向的教学设计研究是课程开发体系的一部分，是实践项目式学习的重要阵地。作为以问题为导向的教学设计研究的重要学习方式，项目式学习也是我们在学科课教学和主题课教学中探索“大单元教学设计”的积极尝试。相对于学科课而言，主题课有更广阔的探索空间，下面就以“主题课程开发”为例介绍项目式学习的实践过程。

以问题为导向的教学设计模型的建构是一个动态的过程，是在教学和教育实践中逐渐探索而形成的。最初由理论出发构建了研究的基本框架，形成了以问题为导向的课程目标、课程内容、教学法和授课方式等教学设计及其基本要素。在实践中研发团队以深圳市高级中学为实验基地，以开发校本课程为抓手，以“课程育人”作为开展以问题为导向的教学设计研究的起点，将学科课教学和主题课教学融会贯通。下面就以主题课程开发为例来介绍项目式学习的实践过程。这是以问题为导向的教学设计研究的实践起点。在实践中我们遇到过很多困境，当“理想教育实践”与“现实教育实践”发生冲突时，每一个参与实践的研究者都矢志不渝地坚定信念与理念，在实践中突破教育困境，探索解决问题的新方法。以问题为导向也是我们做研究的基本理念。下面笔者以教育叙事的方式介绍基于项目式学习的主题课程开发过程。

初期，我们以校本主题课程的开发和实践为研究起点，开发了以问题为导向的三类主题课程，分别是主题论坛课程、主题活动课程和研究型社团课程。这三类课程是我们在校本主题课程开发领域对以问题为导向的教学设计研究的实践。下面介绍三类课程的开发过程。

2010年在开发基于项目式学习的主题课程时，我们的研发团队手中只有一个基本的课程框架，其中包括课程目标、课程内容、课程实施等内容，这些课程开发的顶层设计只是以理论的形式存在，但如何去开发课程、开发哪些课程，我们都不十分明确，很多理想化的课程设计在现实的教育情境中都遇到了挑战。最初，我们从高中学段开展实践研究，在这个学段开展研究遇到的最大问题就是时间，教师和学生大部分的精力都用来迎战高考。我也担任班主任，承担语文学科教学工作，同时要着手开发基于未来人才培养的校本课程。这对于我个人和人数不多的团队而言都是巨大的挑战，解决研发中遇到的这些大大小小的问题也使我们越发感受到以问题为导向做研究的价值。

2011年，在一次班会上，我们班的班长小李闷闷不乐地对我说："刘老师，我的理想中学是深圳中学，不是深圳高级中学。"我问他："为什么？"他说："因为深中有游园会，我们没有。"我当时就笑了，觉得他就是个孩子，心里就想着玩儿。我把小李的事当笑话讲给校长听，校长却严肃地对我说："学习是一件苦差事，主题活动课程很可能成为他们迈向'最后一公里'的助推器，引导他们领悟生命的价值、学习的意义，打开他们的视野，点亮他们的智慧，这也是我们开发校本主题课程的一个起点，帮助学生迈向人生重要学段的'最后一公里'。"

最初我的研发团队只有两个人，很多老师看到我就绕路走，怕我拉着他们开发课程。学校把班会课的40分钟延长至80分钟来实施主题课程，正式纳入校内必修课，每周一下午班主任在等着上课，学生在等着听课，但没人知道主题课应该是什么样、该教什么、该怎么教、选题从哪里来。在那个"至暗时刻"，我碰到了小卢，高二金融社的社长。他说："老师，你们大人就是天天想着教我们什么，但我们想学什么、对什么感兴趣，你们真的关心吗？"这确实是一句灵魂拷问，我答不上来。

第二天，我邀请了高一到高三100名学生代表来谈谈他们对主题课程开发的想法。他们从政治、经济谈到科学艺术，从情绪管理、人际关系谈到服务他人与贡献社会。一周之内，我收到来自三个年级的近百份主题活动提案，从组织分工到绩效考核，每一份都不少于3000字。我当时很震惊，这还是那些在作文课上憋不出800字的理工男吗？也是在那一周，我们正式成立了一支导师制的学生课程开发团队（创课社）。这个社团是由每个班的主题课课代表组成，他们参与教师研发团队的工作，按照项目式学习的基本流程，我们从选题立项开始开展课程开发工作，同学们在课程开发导师的指导下以班级为单位，跨班级合作研讨，自主招标确立选题，根据主题需要，全校范围内招募课程开发团队，自己完成80分钟的授课与课程评价。让我们没想到的是，学生对课程开发的兴趣和参与度如此之高，他们感到很好奇——竟然让他们参与课程开发，他们感受到"自己的课程自己做主"不是一句唱高调的话，就真实地发生在他们身上，这种主人翁责任感一直是他们参与课程开发的原动力。这种学习动机如此强烈，让我们始料不及。目前深圳高级中学集团四个校区，从小学到高中近万名学生都能在导师的引导下开发自己的校本课程。

学生们从未读过课程研究和开发类的书籍，更谈不上这方面的理论基础，但他们知道什么样的学习主题是他们感兴趣且愿意探究的，什么样的学习方式是他们向往和愿意尝试的，什么样的学习组织方式是让他们感到民主、开放的。因此，最初我们就从他们感兴趣的话题开始课程选题，“以活动做项目，以项目带团队，以团队创文化”，在做中学，在问题解决中学习，在游戏和互动中学习。渐渐地，我们形成了一套主题课程运作的模式，它由三个基本的课程类型组成。

（1）主题论坛课程——以问题为导向，让学生在思辨中认知自我、探索世界

主题论坛课程主要训练学生在大量的信息流中进行选择、判断，最终做出决策的能力。授课教师以班主任和学生课代表为主，根据主题需要也会借助其他学科教师和专家资源授课。课程主要采用案例教学模式，教师通常先给出一个有意义的分析构架，讲课的重点不在于对案例细节的问答，而是着力分析事实背后的问题及其含义，最后给出若干带有普遍意义的论点。教师需要激发学生的学习兴趣，通过学生在课堂上分析案例的表现来评价学生的学习结果。下面以具体的教学设计为例解析三类课程的实践过程和取得的效果。

第一期主题论坛是“我眼中的春节——从‘吐槽’春晚开始”。话题从2014年马年春晚“吐槽”现象开始，拓展到春节民俗文化以及社会不同人群对这种文化的不同态度，引导学生关注并反思生活中的社会现象，从而形成正确的价值观、人生观，做有国家认同感、责任意识、独立思想、创造精神、国际视野的现代公民。寒假前，我们对活动进行了布置。孩子们看春晚时已经在朋友圈里发出了各种个性化的评论，然后又成立了讨论群，征集关于马年春晚的官方、民间评论信息，作为上课讨论的素材。开学后，由每个班的课代表组织授课。授课团队把原始材料以视频、图片等多种形式呈现给全班同学，以便讨论。在论坛中，我班小丁同学以郎朗在春晚中的钢琴表演为话题，从时尚音乐谈到古典音乐，并辅以精美的PPT和视频展示，给同学们上了一次古典音乐普及课。这样的课堂片段是我们这些教学设计者没有预料到的意外惊喜。

在教育实践中，我们总会遇到学生出现的各种各样的问题，有的属于学习问题，有的属于生活和交往问题，有的属于行为习惯问题。无论什么问题，都需要有一个判断、分析、解决的过程。我们常说教育是爱的事业，但教育更是科学的事业。所以，在教育和教学中，我们在和学生共同面对各种各样问题

时，不仅要打开他们的视野，还要培养他们面对问题的积极态度，更要培养他们寻找解决问题的方法和路径的能力。主题论坛运用小组合作学习方式，以“课程主题”为出发点，以小组民主集中式发言与演讲的形式呈现讨论结果。在这个过程中，以问题为导向，形成合作探究、多维互动的课堂学习方式。其中问题导向是课堂实践中最核心的教育教学方法，我们在实践中形成了问题导向思维导图，即“聚焦问题—引出问题—设计问题—分解问题—生成问题—引导问题—抽象问题—解决问题”八步有机融通的思维过程，从而增强学生的问题意识，强化对学生思维和问题解决能力的训练。

2016年1月，我和工作室的老师还首次将德育校本课程中的问题导向和多维互动教学方法渗透到学科教学课堂。我辅导的英语学科的张老师在一次主题为“野生动物保护”的课程中遇到了一些生物学方面的专业问题，我鼓励他与生物组老师合作探讨。在我的启发下，张老师与生物组老师联合授课，将英语学科素养、生物学科素养、“保护野生动物”的人文情怀融为一体，将教育和教学有效整合。我的语文课在遇到跨学科问题时也会邀请其他学科的老师进入课堂。尝试在教育教学中跨学科、跨领域合作与整合，也是我们开发课程中鼓励实践的教学组织方式。

（2）主题活动课程——以活动带项目，让学生在行动中实现自我、改变世界

主题活动课程是主题论坛课程的拓展，是学生把主题论坛课程中所做决策付诸实践的过程。在此课程中，学生由主题论坛中对问题的思辨阶段进入具体解决问题的实践阶段，他们需要将观点、想法变成行动方案，并且根据需要自主组织团队实施方案，在实践中验证并不断修正方案与观点、思想。

以“公益”课程为例。学生们由主题论坛中“什么是公益”“为什么做公益”“如何做公益”的理性思辨阶段进入主题活动课程的实践阶段，亲身实践各种公益项目，并且与身在海外的校友建立“公益连线”社群，把国外开展公益活动的很多好的方式迁移到自己的公益项目团队。这个过程不仅打开了学生的视野，也无形中建立了班级共同体、社团共同体、校友共同体、项目共同体……此次公益活动以招标方式进行，各班选出能代表班级的公益活动策划方案，参加全校海选，主题涉及残疾儿童、失独老人、留守儿童、社会福利、绿色出行等方面。我班采用废弃材料制作服装和日用品，将竞标的擂台变成了公益创意的秀场，深受学生欢迎，最后成为中标公益项目。

在主题活动策划中，班主任和导师以课程为载体，以课程主题为红线，牵

引出各种互联互通的学习与合作的共同体。学生在这个链接的过程中不仅完成了主题课程学习，而且拓展了更为广阔的学习空间，链接到更为丰富和多元的学习资源。

为准备一次主题为“未来，我是谁”的大型公开课，我和工作室的各位班主任提早组织了公开选拔活动。各班首先开展主题论坛活动，然后每班派代表进行说课，评出优质教学设计方案，最后将这些方案整合为聚合了全年级学生智慧的公开课授课方案。在活动中，各个班级排列组合出很多新的项目团队，为了能够让自己的方案中标，学生们还首次尝试了跨班合作，我班就和工作室成员张老师的高一（13）班合作设计了课程方案。

经过主题论坛和主题活动的相继研讨与选拔，学校在2015年11月30日和12月8日举办了两场大型公开课，课堂由Cosplay、职业心理测试游戏、主题辩论、现场采访、导师点评五个环节组成。课堂内容全部现场生成，现场的思辨和互动很活跃，近400人的会场秩序井然、气氛热烈。这离不开活动策划各个团队的默契配合，特别是班主任团队和学生项目团队的多维互动与合作。

活动虽然结束了，但因活动而形成的团队文化、项目运作机制却建立并保留下来。这也是我们开展主题活动课程的初衷之一——寻找“以活动做项目，以项目带团队，以团队创文化”的学生互助成长和协同发展的路径。

（3）研究型社团课程——以精英带大众，让学生在研究中提升自我、携手同伴

研究型社团课程源于一个社团——创课社，取“创客”的谐音，意为寻找课程开发中的“创客”，是我与工作室班主任在课程研发“囧途”中的意外收获。

课程实践的主体原本是班主任，但他们工作繁忙而琐碎，对于实践课程心有余而力不足，所以常常出现应付之作，交上来的教学实录也有流水作文的感觉。为了改变这一状况，我们做了一个大胆的尝试，让每个班的课代表参与教学设计和实施，并把课代表群体发展成了“创课社团”。这个社团与学校其他娱乐和兴趣社团的不同之处是，他们参与学校课程的建设和实施，以内驱力探索学习和成长需求，成为课程的主人。他们不仅负责收发作业和课程满意度调查问卷，更要参与课程的设计和实施，是连接班主任、学科老师、同伴、课程的中枢；他们不仅要完成自我学习，更要引导同伴建立各种学习共同体。为了培养这批学生，我们专门开发了“研究型社团课程”，让他们每周参加研究例

会，和老师们一起做方案、写计划、设计教案、进班上课。

起初，学生摸不着头脑，不敢上讲台，不知道如何上课，于是，我们鼓励学生把困难和问题带到例会上讨论，根据学生遇到的共性问题，我们一起研讨形成统一的解决方案。学生自己在讲台上遇到困难并与老师一起讨论解决的过程，更能激发他们思考如何开发、实施更有效的校本课程。3年来，社团已经建立了专业的研发和管理机制。

最初带领老师和学生设计课程时，我们把焦点放在了内容上，但在实践过程中，发现学生的很多能力是在活动过程中形成的，内容只是学习的一个载体，所以，后期我们把研发重点放在了操作模型的构建上。目前，我们已经探索形成了一套适合自主开发、实践课程的研发模型，包括分析（analysis）、设计（design）、研发（develop）、实施（implement）、评估（educate）五个阶段。根据课程研发的实际需求，我们将该模型细化为研发项目立项、课程需求调研、教学设计开发、课程集成制作、课程验证、课程修订、讲师培养等几部分。每周的课程主题由工作室的导师给出，社团学生根据主题在班级征集教学设计方案，形成由校本到班本的个性化教学设计。

我们的“研究型社团课程”内容主要集中在课程开发、项目开发和学生领导力培养方面，授课教师除了专业课程开发教师团队外，还有班主任和外请专家。

2015年11月，来自北京、上海、香港的高校学者、校长来深圳市高级中学听主题课公开课。一节课80分钟，从主题论坛、主题活动到主题探究，900多名学生一起上课，全程学生组织授课。公开课前小张同学和小沈同学对课程实施产生了一些分歧，小沈同学认为这是一堂公开课，我们要把最完美的一面展示给大家，而小张同学认为以问题为导向的项目式学习的最大魅力就是真实，真实的学习主题，真实的学习过程，真实的汇报成果，我们不该加入表演成分。最终我们还是选择了真实，公开课的主题论坛环节，平时侃侃而谈的张同学因为紧张，竟然一句话都说不出，但她的队友及时救场，顺利完成了整个论坛的辩论环节，公开课结束后，来自北京大学的尚俊杰教授现场邀请项目团队加入“中国卓越人才培养计划”项目，十几岁的他们与来自香港大学、北京大学的卓越学者一起做研究，这为很多同学得到剑桥、哈佛、耶鲁等名校的offer加上了浓墨重彩的一笔。

央视二套的记者采访时问我："刘老师，听说你们学校的主题课，千人课堂都不彩排，是因为准备充分吗？"我说："人生没有彩排，我希望我的学生能笑对挑战和问题，不要在乎一城一池的得失，要学会拥抱变化，以不变的心态、解决问题的能力迎接千变万化的未来。"

（三）课后教学评价体系的建构

以问题为导向的教学设计研究不仅局限于学科教学的研究，将主题课也纳入教学范畴，将教育教学融为一体，将综合素养的培育统整在主题教育和学科教学之中，为此我们设计了主题课和学科课均可运用的教学法、学习方式和评价体系。在本书第七章中将介绍此评价体系的建构过程。

实践篇

第六章　以问题为导向的教学实践案例

以问题为导向的教学设计模型的建立为学科教学设计和主题活动教学设计奠定了理论基础，指明了实践方向。在此基础上，我们开展以问题为导向的教学设计范式研究，学科课程依据国家课程标准开展研究，主题活动课程依托校本课程开发理论开展研究。本章将具体呈现主题课教学案例和学科课教学案例。因为主题课程是学校自主开发的校本课程，所以我们将以课程开发为逻辑起点介绍主题课教学设计案例、主题课教学实录、主题课教学反思等。学科课程是国家课程，我们将基于课堂教学介绍学科课教学设计案例。

在以问题为导向的主题课和学科课教学设计中，我们强调了问题导向的重要性，并且明晰了问题设计的类型和层次，开发了与之匹配的小组合作学习项目，强化了课堂教学中的以学生为主体、以教师为主导的教学组织方式。本章节我们将重点介绍以问题为导向的学科教学设计和主题活动教学设计的基本流程与案例。

一、以问题为导向的教学设计流程

以问题为导向的教学设计不局限于学科教学，也不局限于某个学段。我们尝试以问题为导向将学科教学和主题教育课程打通，围绕“立德树人”的最高育人目标，以课程为载体，以教学设计模型为操作范式，开发以问题为导向的教学设计流程。在本书第五章中已经提到，问题导向教学设计从三个层次来设计教学问题，分别是“锁定全面育人问题”“聚焦学科认知问题”“创设教学情境问题”。这三个层次的问题从顶至底贯通育人逻辑，从宏观、中观到微观把握育人的方向、策略和方法。本书打破传统的教学设计结构，将教学设计分为课前问题设计和课上问题解决两个部分：第一部分从三个层面设计问题，凸显三类问题的层次性；第二部分具体解决三个层次的问题，以“教学情境问题”为线索设计相应的学习活动最终解决三个层次的问题。三个层次的问题并非没有交集，而是交叉、循环地隐含在教学活动中。因主题活动课程和学科课程的性质不同，因此课时设计也不同。主题课程我们采用单元教学，以项目式学习为主；学科课程以40分钟课时为单位授课，采用小组合作探究的方式授课。教学设计流程图如下所示。

课前——分级分类设计教学问题

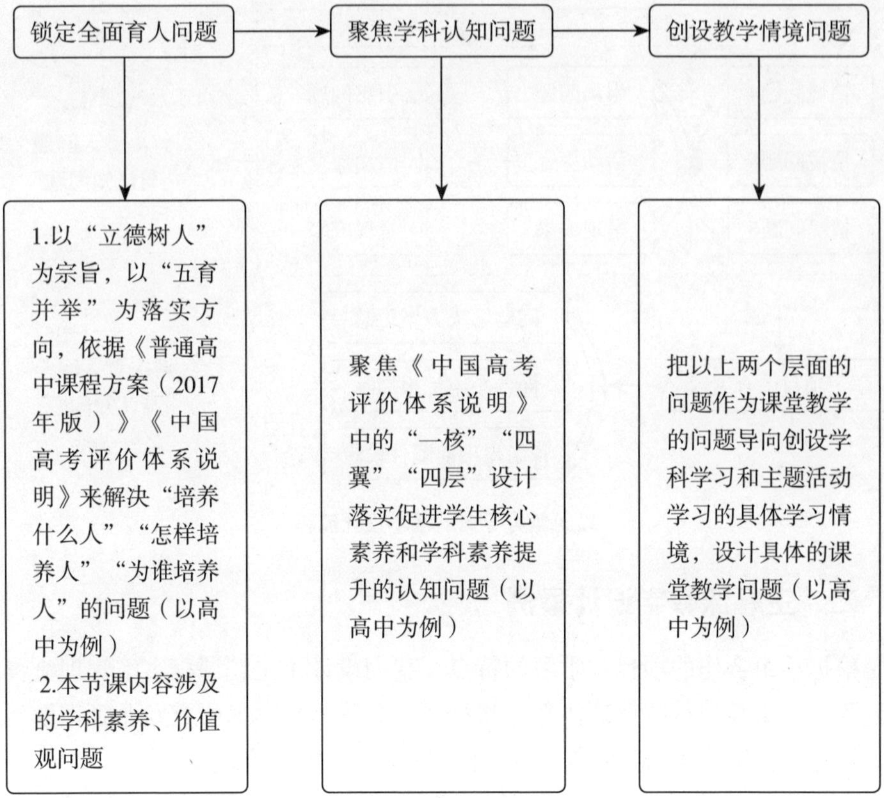

课上——教学问题的解决过程

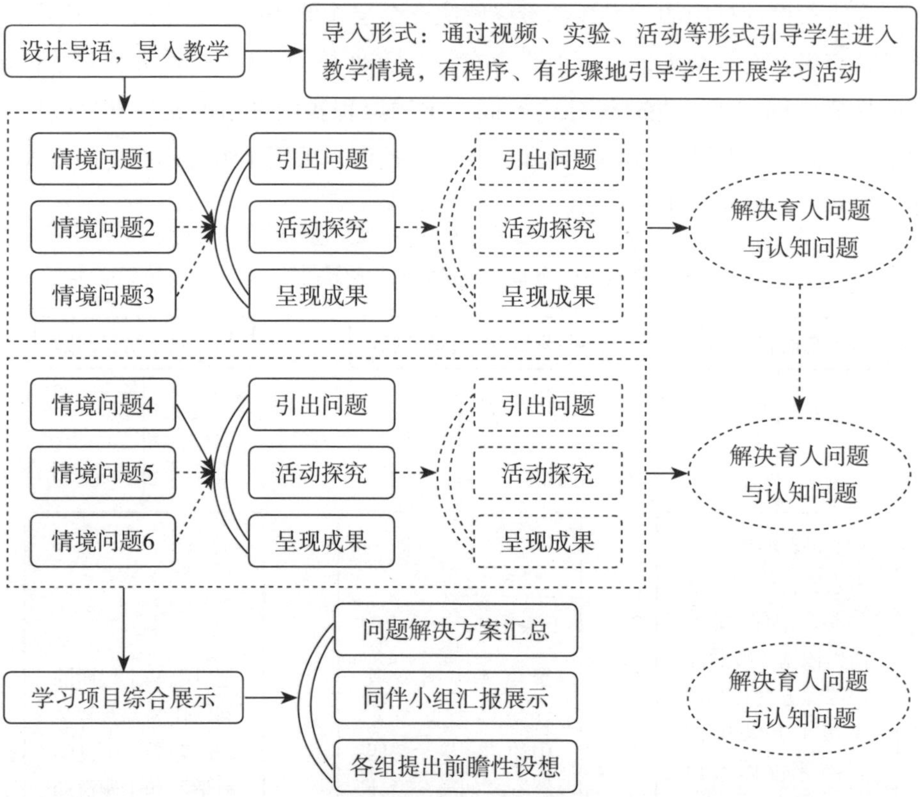

以问题为导向的教学设计流程

二、主题课教学设计案例

根据小组合作的项目式学习的特点，我们设计了主题课程实施管理流程。此流程基于学校的行政管理体系，将科研行政管理与学术研究专业管理融为一体，将师生合作开发课程的流程专业化、程序化、标准化。

在主题课教学设计案例中，第一篇案例是一个主题课项目式学习的完整教学实施案例，这个案例是以问题为导向的教学设计模型的具体实践，包括教学设计和教学反馈两个部分。其中，教学设计部分包括锁定育人问题、聚焦认知问题、创设情境问题、学习项目策划几个部分。前三个环节相当于确定各级各类教学问题的过程，是以问题为导向的教学设计研究的逻辑起点。“学习项目策划”部分是对于问题解决过程的设计，按照项目式学习的原理来设计，其课时设置、学习内容的安排、学习方式的选择，都与小组合作学习和项目式学习契合，这部分具体以“学习项目策划案”的文案形式呈现，具有显著的程序性、操作性。教学反馈部分包括教师教学反思、学生学习感想和教学实施效果反馈报告三个部分。前两个报告以教师撰写的教学反思和学生撰写的学习感言形式记录；教学实施效果反馈报告部分由专业的课程调研人员运用专业问卷面向全体参与课程学习的学生进行调研来开展，并通过专业的分析工具进行整理、分析、汇编为反馈报告形式来呈现。

在本章节，从第二篇主题课案例开始，所有主题课案例都仅提供教学设计案例，教学实施反馈案例将在教学实录和课程评价部分分别呈现。

主题课“我心中的理想班级”教学设计案例

一、锁定育人问题

2018年，习近平总书记在全国教育大会上指出，要努力构建德智体美劳全面培养的教育体系，形成更高水平的人才培养体系；要深化教育体制改革，健全立德树人落实机制。2019年教育部明确提出要立足全面发展育人目标，注重培养学生的“核心价值、学科素养、关键能力、必备知识”。可见，综合素养已经成为未来人才选拔和培养的重要指标，也是未来人适应社会生活必需的一种综合能力。

我校近年开发的“以问题为导向的综合育人项目”为践行“立德树人”，建立“五育并举”的落实机制做了创新性实践和探索，把育人和学科教学有机融合，以统整教育理念将12年一贯制培养落实在全面育人上。

高一年级作为高中学段的初始年级，启发学习者认同学校、班级文化，初步树立学业目标的好机会，班级作为高中生学校生活的最基本组织单位，是建立人际关系和开展学习生活的熟悉场景，因此本次主题课以“我心中的理想班级”为主题。本堂课运用问题导向教学方法，分级分类分解育人目标，锁定育人问题，聚焦认知问题，创设教学情境问题，以项目式学习组织教学，以导师引领、社团挂帅、跨班合作等课程运作方式开展。

二、聚焦认知问题与创设情境问题

1. 学生通过参与微电影《班级SHOW》的拍摄，认识所在班级的文化特点，加深对班级文化的认同。

2. 学生通过“我心中的理想班级”的主题讨论，认识到当前所在班级与理想班级之间的差距，并形成一个共识：每个同学都要树立集体荣誉感，团结合作、积极向上，这样才能形成一个让每个同学都有归属感的“家”一样的理想班级。

3. 在参与“你来说，我来猜”游戏的过程中，激发内心的主人翁意识，认识到团结协作的重要性，并学会如何进行有效的合作。

4. 通过“班级严格管理对于高中生的成长利大于弊还是弊大于利”的辩论赛，让学生认识到，要使班级形成良好的班风、学风，必须依赖人性化的严格管理作为保障。同时，在参与和观看辩论赛的过程中，学生也可以学会辩证地看待问题，提高批判性思维能力。

5. 学生通过参与微电影《班级SHOW》的拍摄，认识目前所处班级发展现状的重要特点，养成关注生活、关注班级发展动向的习惯。

6. 通过让学生参与主题“我心中的理想班级”的主题讨论，使其意识到目前班级发展现状与理想班级之间的差距。认可当前班级的发展需要培育更好的班风、学风，并需要人性化的严格管理作为优良班风、学风的重要保障。

7. 通过互动游戏和主题辩论，让学生意识到辩证分析问题的重要性，掌握解决班级日常问题的一般方法。增强学生对班级的归属感和荣誉感，关注自身所在班级的管理制度建设，树立建设班级成长共同体意识。

三、学习项目策划案

1. 相关的课程资源

微电影《班级SHOW》、游戏“你来说，我来猜”、多媒体设备、阶梯教室、摄像机、照相机等。

2. 项目活动时间安排

项目活动时间安排表

时间	活动子项目	人员安排
10月11—13日	微电影拍摄	参与公开课的班级的GLOBE课代表
10月15—16日	微电影制作	高一（5）班陈×恩
10月12—13日	游戏环节词汇准备	参与公开课的班级的GLOBE课代表
10月11—16日	辩论赛准备	辩论人员：高一（4）班孙×霏、梅×康；高一（5）班袁×；高一（6）班朱×稷；高一（8）班周×睿；高一（10）班陈×淇；高一（11）班韩×威；高一（14）班沈×琪 辩论主席：高一（5）班潘×源
10月11—16日	主持人写主持稿、彩排等	高一（6）班张×铭、邵×竹

3.可视化教学实施流程

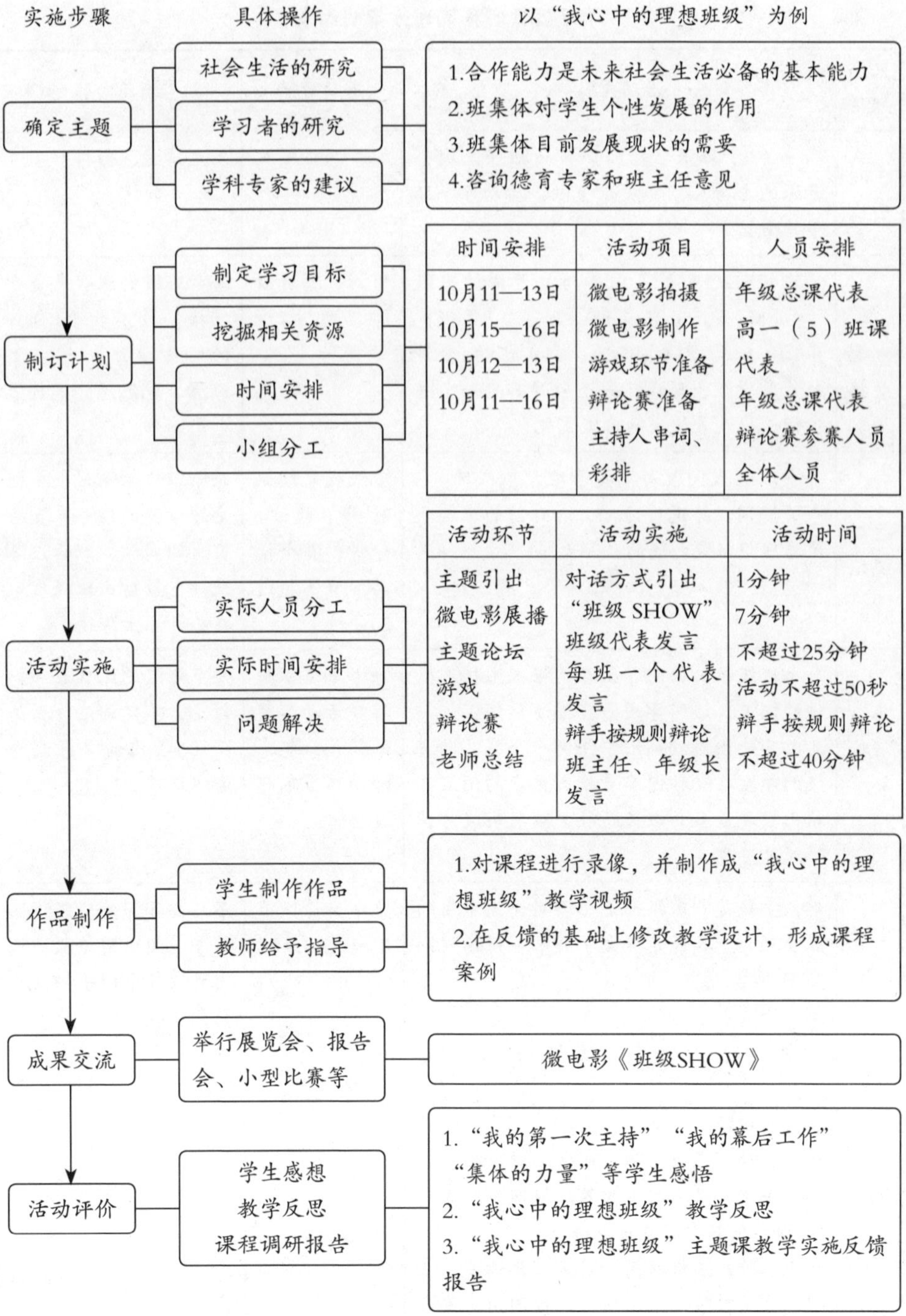

可视化教学实施流程图

4.学习项目实施策划方案（学生版）

学习项目实施策划方案明细表

活动环节	活动内容	活动时间	活动实施
主题引出	高一（6）班张×铭、邵×竹担任此次公开课的主持人，负责开场白、活动各个环节的衔接等		写主持稿、彩排
微电影展播	《班级SHOW》：由参与公开课的班级（4）班、（5）班、（6）班、（8）班、（10）班、（11）班、（14）班的1分钟短片剪辑组合而成，每个短片都有一个关键词，代表着该班的班级文化	剪辑、播放时间不超过7分钟	每个班级的课代表负责拍摄一段不长于1分钟的短片，由高一（5）班陈×恩汇总，进行微电影制作
主题论坛	每个班级派代表写下关于理想班级的4~5个关键词，并说说为什么。目前的班级状况与理想班级之间的差距大吗	班级代表演说时间不超过3分钟，整个活动环节不超过25分钟	每个班级的课代表先把主题讨论的任务布置给班里的同学，然后汇总统计，最后由班级代表在公开课上陈述
游戏环节	每个班级派一位同学上台，根据主持人提供的词汇，该同学用语言描述该词汇，描述时不能出现该词汇中任何一个字，同班级的学生在50秒内尽量猜出更多的词汇，猜出数量最多的班级获胜，获胜班级可获得两包薯片	每个班级参与游戏活动不超过50秒，整个活动环节不超过6分钟	每个班级的课代表一起讨论，确定词汇，由高一（5）班潘×源制作游戏环节的PPT
辩论赛	辩论主题是“班级严格管理对于高中生的成长利大于弊还是弊大于利”，辩论规则如下。 ①立论陈词： 正方一辩陈词3分钟，反方一辩陈词3分钟。 ②盘问质疑： 正方二辩或三辩提问，反方二辩选手、三辩选手（只限一名）回答。提问用时累计1分钟，回答用时累计 2 分钟。 反方二辩或三辩提问，正方二辩选手、三辩选手（只限一名）回答。提问用时累计1分钟，回答用时累计 2 分钟。	整个辩论环节不超过40分钟	参与公开课的班级推选辩手，组成辩论队，队内商议各个辩手担任的角色，找资料，确定观点，形成辩论稿

续 表

活动环节	活动内容	活动时间	活动实施
辩论赛	③自由辩论： 由正方首先发言，然后反方发言，正反方轮流发言。双方分别有4分钟的时间。 ④现场互动： 现场观众提出支持正方或反方的观点，如果支持的一方获胜，可以获得精美礼品一份（5分钟）。 ⑤总结陈词： 反方四辩总结陈词，用时3分钟。正方四辩总结陈词，用时3分钟		
老师总结	年级长、班主任等对整节课做出点评	该环节不超过10分钟	提前告知老师有该活动环节

5. 学习项目实施策划方案（教师修改版）

学习项目实施策划方案明细表

问题与情境	学生行为	教师行为	设计意图
活动一：主题导入	两位学生主持人进行对话，引出主题。 学生A：××，你理想中的班级应该是怎么样的? 学生B：温馨、和睦……你呢? 学生A：团结、友爱……还必须…… 学生B：是啊！班级是我们高中三年学习与生活都离不开的集体，像温馨的一家子，有欢乐、喜悦，也有“香菇”“蓝瘦”！ 学生A：下面，让我们一起来欣赏微电影《班级SHOW》		通过学生对各自心中理想班级的讨论，引出本节课活动的主题
活动二：微电影《班级SHOW》展播 微电影内容简介： 开场的微电影展播《班级	学生主持播放《班级SHOW》，全体同学欣赏并感悟		积极活泼、生动有趣的微电影不仅形象地诠释了各个班级的特色与文化，而且让同

续 表

问题与情境	学生行为	教师行为	设计意图
SHOW》，是此次参与公开课的7个班级的1分钟短片剪辑组合而成，每个短片都有一个关键词，代表着该班的班级文化。（4）班的关键词是“沉迷学习，无法自拔”，画面先是一个女生在宿舍埋头学习的场景，然后是几个体形不同的男生通过镜头切换模拟日渐消瘦的情境；（5）班的关键词是“民主与自制”，我们看到（5）班的学生为了一则班规在进行讨论、民主表决；还有（6）班、（8）班、（10）班等			学们感受到每个班级都是一个和谐共生、充满活力的统一体
活动三：主题论坛 问题：你心中的理想班级是怎样的？目前的班级状况与理想班级之间的差距大吗	学生主持提出讨论主题，引导所有同学进行讨论 每个班级派代表写下关于理想班级的4~5个关键词，并说说为什么以及目前所在班级与理想班级之间的差距 学生主持分析并总结各班代表的发言，总结得出两点：“团结”“集体荣誉感”是描述理想班级频率最高的词汇；学生心中的理想班级都是像家一样		通过对“理想班级”的讨论，学生们达成共识：理想的班级应该像一个家。在把班级营造成“家”的同时，还要自觉地团结起来，为班级的荣誉坚持不懈地努力
活动四：游戏“你来说，我来猜” 游戏规则简介： 每个班级派一位同学上台，根据主持人提供的词汇，该同学用语言描述该词汇，描述时不能出现该词汇中任何一个字，同班	学生主持人讲解游戏规则 每班派一位同学上台做词汇描述者，本班其他同学在台下回答 计时员在50秒到提示，计数员统计并记录每班猜中的词汇。 最后统计各班猜中词汇数量，并发放奖品		这个游戏在设计过程中，选用了“抢饭”“滚动测试”“宫崎骏”等一些跟学生生活息息相关的词汇，能够激发学生参与游戏的热情；同时，在参与游

续 表

问题与情境	学生行为	教师行为	设计意图
级的学生在50秒内尽可能猜出更多的词汇，猜出数量最多的班级获胜，获胜班级可获得两包薯片			戏的过程中，学生也会意识到，只有团结合作，才能取得游戏的胜利
活动五：辩论赛 辩论主题：班级严格管理对于高中生的成长是利大于弊还是弊大于利 辩论赛规则（略）	辩论赛主席宣读辩论赛规则 正反方学生分别进行立论陈词 正反方先后进行盘问质疑 正反方轮流进行自由辩论 现场观众互动，提出支持正方或反方的观点 正反方各自进行总结陈词	老师对辩论赛进行点评	在辩论的过程中，学生的逻辑思维能力得到锻炼，学会在有压力的情境下如何机智应对，如何清楚表述自己的观点。同时，通过此次辩论，学生也能够明白："无论是严格管理还是非严格管理，都是为了培养具有真、善、美的人。"
活动六：总结升华	学生主持人总结 学生A：当我们踏进紫色城堡，走进班级的时候，我们依旧是独一无二的，有着思想，焕发着青春的光芒。 学生B：当我们携起手来，求同存异，团结合作，我们就成了一个团队，一个有规则、有生命、有思想的团队。 学生A/B：而我们在如此优秀的团队中学习与生活，我们会走得更远，飞得更高	听课老师对整堂课进行点评	通过学生总结和教师点评，学生认识到，每个人作为班集体的一员，都应该团结合作，为建设一个"家"一样的理想班级不懈努力。此外，教师的点评指出了课程的一些不足，教学设计者也能够根据教师意见对课程进行优化

（此教学设计案例原始材料由课程研究中心刘静老师、黄花老师、彭培欣老师提供）

主题课“我心中的理想班级”教学反馈

一、教师教学反思

本次主题课程的设计与实施践行了以问题为导向的教学设计模型，采用项目式学习方式开展，在教学中师生完整地运用以问题为导向的教学设计模型开展课程。与学科课不同，主题课是基于学校师生自主开发的校本课程开展教学实践的，师生共同参与课程开发，从课程目标、课程内容到教学方式、教学方法，都是师生在动态开发课程的过程中渐渐确定和实践的，课程开发团队以建构主义学习理论为核心的开发理念，在课程开发的全程都能保证学习者的自主探究和问题解决能力得到培养。

学生的学习不是被动地接受知识，而是主动地分析和解决问题，并提高自己的价值导向和问题意识的思考能力。本次课程从“锁定育人问题”“聚焦认知问题”“创设情境问题”三个层面分级分类设计问题，形成了“我心中的理想班级是什么”“我们如何去建设理想班级”的基本问题链。在课程选题立项阶段，我们以“选题论坛”的形式募集课程主题，以每个班级为单位通过“说课”的形式提出本班对于课程选题的设想和具体的教学实施方案。

在说课时，每个班的课代表都能代表班级说出理想班级的关键词，并解释原因，但被问及目前班级的发展与理想班级是否存在较大差距的时候，代表们不约而同地点头。这就引出问题：“我们如何去建设理想班级？”大家都谈及建设理想班级离不开团结、友爱、互助，却忽略了班级管理制度，这也是班主任日常管理中苦口婆心与同学们强调的问题。于是生成问题：“我们需要严格的班级管理制度吗？它对于我们高中生成长是利大于弊，还是弊大于利？”为了解决这些问题，在场的各个班级的学生进行了合作探究。学生对以往所处班级经验进行重构与反思，找寻彼此都认同的理想班级的特性，找到建设理想班级的方法，认可严格的班级管理制度存在的必要性。

在解决问题的过程中，我们进行了思想分享。不同班级的代表结合本班的讨论结果，分享自己理想班级的关键词，同时，学会倾听其他班级关于理想班级的发言，求同存异，获得问题的深度解决。

在解决问题的过程中，我们尝试用批判的眼光看待问题。在辩论环节，正方认为班级严格管理对高中生的成长利大于弊，反方认为班级严格管理对高中生的成长弊大于利。该辩论环节的设计一改传统所认为的班级严格管理有利于高中生的成长，引导学生树立批判意识，善于找寻论点论据，学会批判性和创造性地分析与解决问题，最后让大部分学生认可人性化或民主化的严格管理对高中生的成长是利大于弊的。

在解决问题的过程中，我们在班级内部学生之间、不同班级学生之间、学生与教师之间、学生与学校管理者之间进行了多维互动，把互动讨论的结果有效地生成课程资源，将解决问题的主动权还给学生，使学生学会解决问题。在互动的同时，激发学生的智慧潜能，通过智慧碰撞与交融，拓展学生思维，点亮学生智慧，发展学生智能，实现智慧的聚合与重组。

最后，解决育人、认知、教学三个层面的问题，学生提高了对班级的归属感和荣誉感，并能关注自身所在班级的管理制度建设，提高班级管理的有效性，树立爱班级、建设班级的热情。同时也能够意识到辩证分析问题的重要性，使其树立正确的世界观、人生观和价值观。

二、学生学习感想

刚开始时，我的心脏就已经狂速跳动，致使自我介绍时出现了错误。面对哄堂大笑的尴尬，我后面的主持变得更加紧张。不过，随着时间的推移，同学们踊跃参加课堂活动给了我很大的鼓舞，我慢慢放松心态，与现场同学互动。

——高一（6）班　黄×铭（《我的第一次主持》摘录）

为了准备这堂主题课，我做了很多幕后工作。在准备过程中最让我头疼的是拍摄小视频。我们班的同学都比较腼腆，所以拍摄时遇到点小麻烦——大家都不愿意上镜！在此我要特别感谢韩×威和郑×文同学，是他们的勇敢担当，让自己在镜头前闪闪发光，让我们的拍摄工作取得了成功！这种爱班级的精神是值得赞扬的。

——高一（11）班　刘×露（《我的幕后工作》摘录）

这着实是一堂优质的主题课！仅短短几天的时间就筹划出这样一堂妙趣横生、精彩生动的课，实在是我意料之外的。尤其是从课后留言板上和同学们的口中得到的是一致的赞扬，我的心里是喜悦的，但这一切都与全体成员的共同努力分不开。不论是在录制班级短片的过程中，还是整个课堂教学实施的筹备中，所有同学都积极参与，出谋划策，只为取得更佳的成效。众人的力量汇聚在一起，拧成了一股绳，从而发挥了巨大作用，这便是集体的力量。

——高一（4）班　陈×琪（《集体的力量》摘录）

这堂课气氛活跃，辩论时更是精彩，同学们各抒己见，思维碰撞出艳丽的火花，各种游戏也吸引着同学们。每个同学心中的理想班级都多有不同，但也有相似的地方，各个班级的特色也都展现了出来。对于“我心中的理想班级”，我认为民主的严格管理才是最有利于学生成长的理想班级。

——高一（4）班　危×凡留言

开头的视频有趣味性，后面的辩论赛十分激烈，双方各抒己见，表达自己的观点。

——高一（4）班　陈×留言

一个理想班级的建立是艰难的，但我们必将全力去建设它，毕竟班级是我家，建设靠大家！

——高一（7）班　赵×丹留言

一千个同学有一千个理想班级，希望每个心中有理想班级的同学都能努力奋斗，将自己班级改造成最好的班级。

——高一（16）班　李×智留言

班级是否团结在于班上的每一名同学是否愿意为了集体磨合或收敛自己的个性。

——高一（16）班　洪×婷留言

主题课“我心中的理想班级”教学反馈报告

本周主题课以“我心中的理想班级”为主题，主要由创课社的学生和指导老师共同设计与准备课程，参与课程的包括（4）班、（5）班、（6）班、（8）班、（10）班、（11）班、（14）班共7个班的学生。教学设计了微电影展播、主题讨论、游戏、辩论赛、教师点评等多个环节。本次课的聚焦认知问题是让学生通过一系列的活动认识到，每个人都是班集体的一分子，为了建设“家”一样的理想班级，每个身在其中的同学都要形成班级归属感，树立集体荣誉感，并为班级的荣誉坚持不懈地奋斗。

本次课程结束后，课程调研与评估组实施了即时的课程反馈调查。课程反馈表分为量表、选择式问答以及开放题三部分，其中量表部分采用Likert五点量表计分，选项分为“完全不符合”“不符合”“基本符合”“符合”“完全符合”，各选项的得分依次为1、2、3、4、5。本次调查发放问卷30份，回收22份，其中有效问卷18份。最后统计结果如下。

一、总体情况

对于本次主题课，学生对课程的综合评价平均分为85.71，学生满意度为83.33%，学生对本次课程的总体满意度较高。

从下表中可以看出，参与调查的学生对本次课程的课程资源、课堂气氛、课堂内容、教学模式、授课热情等比较满意，这些选项的均值超过4分，大部分参与调研的同学都认为课程准备充分，课程内容丰富，课堂气氛活跃，教学模式多样，让他们能够在游戏中体会到班级团结的重要性，在辩论中明白严格管理的意义，更加认识到要想建设“家”一样的理想班级，就必须树立起班级荣誉感，为班级荣誉努力。而对课程主题、课程内容的安排、老师的总结引导以及课程的实践效果这几个项目，认可度相对较低。

学生课程反馈表统计情况

题项				均值（排序）
6.本次主题课的课程资源很丰富				4.50
4.在本次主题课的课堂上，我们班同学发言积极，气氛活跃				4.39
2.本次主题课的内容贴近我们的生活				4.33
5.本次主题课采用的教学模式很好				4.33
7.授课老师（同学）上课热情饱满，准备充分				4.28
9.本次主题课让我获得了一些新知识				4.22
11.本次主题课促使我们重新审视自己的某些观念				4.06
1.我们对本次主题课的主题很感兴趣				3.94
3.本次主题课的内容安排合理，我们有充足的时间进行讨论				3.94
8.班主任在上课过程中对同学们的回答进行了引导和总结				3.67
12.上完本次课后，我们会尝试把学到的东西付诸实践				3.61
10.本次主题课让我获得了一些生活技能和技巧				3.28
13.整体上，你对这次主题课程的满意程度是：				
满意度	A.不满意	B.一般	C.满意	D.非常满意
百分比	11.11%	5.56%	44.44%	38.89%
14.你给予这次新德育主题课程的总体评分是（以100分计）：85.17				

二、学生意见和建议

（一）你觉得在本次课程中，做得比较好的方面有哪些

1. 准备充足，辩论激烈。

2. 与同学们积极互动，有辩论赛。

3. 班级介绍视频独特、有趣。

4. 游戏互动性、趣味性强。

5. 课程环节安排合理，节奏带得很不错！兴奋点抓得很好，前面的视频真的超带感！游戏环节紧张有趣（奖品能不能多一点），+50秒搞得我很激动，主持人真的超级棒，不仅自信力Max，而且很会带节奏！

6. 课程内容丰富，可以引起同学兴趣，开阔眼界。

话题贴近生活。

7. 正反方辩论激烈，主持人主持得很好。

8. 气氛带动，课程流程设计，互动方面很好。

9. 课堂上各班同学交谈融洽，互帮互助，气氛活跃，态度积极，内容充实有趣。主持人能够有效地引导课程的发展，课件内容充实，有意义；年级长和班主任的总结有理有据，引人深思，令人收获很多。

10. 课堂氛围活跃，参与性强，让人印象深刻。

11. 课堂氛围活跃，参与性强，形式多样且生动有趣，同时也引得同学们之间的思维碰撞激烈。

有学生组织，工作做得比较充分。

12. 学生进行了一次比较激烈的辩论。台下学生也有很高的辩论热情，显然参与了思考，并尝试辩驳对方观点。

13. 老师总结得比较好，充满了正能量，也充分肯定了学生的观点，给予了学生言论自由，有利于学生自由成长和健康自主地发展。

14. 环节丰富，准备丰富，授课用心。

15. 课件，学生的主持，游戏环节设计得很棒。

16. 让学生组织会场。

提炼：课程内容丰富，准备充足，课堂气氛活跃，学生参与度高，老师点评到位。

（二）主要存在哪些问题？应该如何改进

1. 某位辩友礼仪不周。

2. 要鼓励同学积极、踊跃发言。

3. 辩论主席对场面把控不足，辩论环节同学自由发言时间短，辩论是否太过抢眼。

4. 环节切换的时候还算比较自然，但心里总是感觉有点小生硬。

5. 辩手太过激动，缺乏理性。

6. 同学太拘束，希望活动更多。

7. 注意课堂秩序。

8. 应多给学生发言机会。

9. 时间没有安排妥当，早15分钟下课。

10. 时间安排上尚可改进，活动略有时间不足之情况，同学们的纪律仍待加强，参加活动的同学的专业素质仍有提高空间。

11. 时间过长，纪律需改进。

12. 时间过长，课堂内容可更加紧凑，游戏设计可不必强调每个班都参与，若改为只有几个班有机会参与，既能调动积极性，又节省时间。（毕竟游戏不是主要内容）

13. 纪律有待加强。同学们激烈讨论难免情绪激动，但主持人应该及时制止。

14. 时间上分配不均，各个环节没有很高的效率。

15. 台下还有一部分学生不能完全发表自己的观点，导致不能全员参与其中。问题没有完全解决，探讨的深度不够。

16. 可适当缩短一些次要环节时间，延长台下学生发表言论的时间，尽量满足每个人的发言需求。

17. 主持人存在性不强，没有较强的引导作用。

18. 中途维持纪律的次数较多，纪律不是很好，希望课程顾问能提前跟同学们讲好纪律。

提炼：辩手礼仪有待加强；课程内容安排可以更紧凑，提高课程效率；课堂纪律有待加强；增加学生互动环节。

（此教学反馈原始材料由课程研究中心黄花老师提供）

主题课“未来我们如何面对人工智能”教学设计案例

一、分级分类设计教学问题

相关教学问题明细表

项目	内容	备注
锁定育人问题	通过探究人工智能的发展态势及其对职业结构的影响，激发学生的爱国之情，成才决心	
	1.社会趋势：2017年，国家正式宣布：2030年一定要抢占人工智能全球制高点。党的十九大上，科技部、工信部及腾讯、阿里等纷纷表示：中国未来发展最需要的是人工智能专业人才！这无不显示出一个新的历史趋势：人工智能时代来临 2.热点关注：2018年，中兴事件充分暴露了高科技行业是我国软肋。面对美国的制裁，国人的无助与焦虑、痛苦与奋发，为课题的开展提供了最好的时机 3.教育发展：2018年，教育部正式出版《人工智能》基础教材，由华东师范大学出版社和商务印书馆共同出版。全国各地40所高中作为首批人工智能教育实验基地学校 香港中文大学人工智能专家林达华预言：“未来，人工智能将是学生必备的基础知识之一，与传统的语文、数学课同样重要。” 4.学校倡导：科技教育是深圳市高级中学的办学特色。正在如火如荼进行的深圳市高级中学科技节，给学生营造了科技创新的积极氛围 5.学情探究：我所教的班级是理科重点班，两年后高考绝大部分学生将顺利考入985大学。他们将接触到最高学府的最新专业，成为中国科技兴国的生力军。为了激发学生的爱国热情，引导学生初步认识人工智能，培养他们高远的未来视野	
聚焦认知问题	懂得科技与人文的重要价值。学习与汲取人类优秀文明成果，掌握科技和人文的基本原理与方法。培养理性思维、批判质疑、勇于探究等科学精神，增强人文积淀、人文情怀、审美情趣等人文底蕴。学会尊重事实和证据，形成实证意识和严谨的求知态度，尊重、维护人的尊严和价值，关切人的生存、发展和幸福 1.人工智能当今发展情况如何 2.人工智能未来又将发展到什么程度 3.人工智能的发展将对未来社会职业结构有什么影响 4.面对人工智能的迅猛发展，中学生应该如何准备	

续表

项目	内容	备注
创设情境问题	1. 人工智能是什么 2.近年人工智能大事件有哪些	时间：10分钟 方式： 小组讨论，代表发言
	3．2030年的深圳市高级中学校园畅想 4.人工智能时代，哪些职业会被人工智能取代，哪些不会 5.具备什么特质的职业不会被人工智能取代	时间：15分钟 方式： 小品表演； 漫画展示； 辩论赛
	6.什么是“新工科” 国内院校及留学选择	时间：15分钟 方式： 教师发言
教学策略与方法	小组合作项目式学习	
教学效果预估	1.激发学生对人工智能的兴趣，了解高尖端科技发展现状，培养学生创造性思维和国际视野，同时更加明确自己的职业选择和未来规划 2.培养学生关注社会热点和国家政策的习惯，增强学生们的危机感和使命感，树立主人翁意识和爱国情怀 3.通过智能化深圳市高级中学校园构想展示环节，锻炼同学们的实操能力，将科学理论和生活实践紧密结合	

二、教学问题的解决过程

（一）设计导语，导入教学

用“走近科学”节目主持风格展现平常生活中种种匪夷所思的现象，设置悬念，引出现象背后人工智能广泛应用的主题。

（二）情境问题解决过程

情境问题1：什么是人工智能？

引出问题：近年备受关注的人工智能热点事件有哪些？

活动探究：小组展示课后研究性学习成果，从人工智能的学科背景、应用领域及近年来的社会热点实践三个角度立体掌握人工智能概况。

呈现成果：通过小组学习，学生共同协作查找相关资料，了解人工智能的发展现状，激发了对于前沿科技的兴趣，同时锻炼了查阅分析资料的能力。

情境问题2：对未来智能化社会有什么畅想？

引出问题：对未来智能化深圳市高级中学校园有何畅想？

活动探究：小组合作，模拟深圳市高级中学的智能化课堂及公共场所。

呈现成果：将科学理论和校园生活实践相结合，锻炼学生的动手能力和创新思维。

情境问题3：

引出问题：未来不会被人工智能取代的职业有什么特征？

活动探究：分小组讨论并全班分享，展示BBC对未来最容易被人工智能取代及最不容易被人工智能取代职业的评选，讨论并总结出这两类职业的差异何在。

呈现成果：学生利用已有的人工智能知识，探讨人工智能对未来社会职业结构的影响，总结出无法被人工智能取代的职业有何特质，从而增强自己的危机意识。

情境问题4：中学生如何应对人工智能时代？

引出问题：什么是“新工科”？

活动探究：小组合作收集资料并展示，了解教育部对于人才发展规划的方向，确定科学的择业观。

呈现成果：对国家发展政策有所关注并能提出自己的见解，明确作为祖国的未来建设者，肩负完成祖国经济结构转型的重要使命。

情境问题5：

引出问题：国内外哪些学校开设了人工智能专业？

活动探究：小组合作收集资料并展示。

呈现成果：了解国内院校，激发学生学习高考科目的热情，早日进行个人学业发展规划，确立长远志向。

（此教学设计案例原始材料由深圳市高级中学王晓敏老师提供）

主题课“我和我的团队”教学设计案例

一、分级分类设计教学问题

（一）锁定育人问题

通过本课程的学习，培养和提升学生团队合作的基本素养。在班级团队建设上，能正确认识和处理个体与团队的关系，提高自己的团队合作能力和自主管理能力，同时增强班级责任感、契约感、荣誉感和凝聚力，养成较强个体责任感和良好团队行为习惯。

（二）聚焦认知问题

1. 增强团队意识和责任意识，塑造班级团队的整体凝聚力、向心力和战斗力；提升在优秀班级团队发展上的共同愿景。

2. 引导学生进行跨学科学习，提高解决真实问题的能力；借助真实问题的解决，促进所学知识在真实生活中的应用；设计学习活动促进学生参与实践，在体验中学习，培养其合作探究能力、阅读与演讲能力，发散与创造性思维。

3. 通过阅读、语言表达与关键词提示，说出与深圳市高级中学集团教育教学特色相关的词汇；理解并运用物理学科中重力的作用、力的不同作用点以及合力方向的原理，完成同心棍项目的任务要求。

4. 联系物理学科中不规则形状物体重心所在点的判断，以及通用技术学科中使用剪刀、透明胶等工具的技能，解决如何在规定时间内用纸牌搭塔的问题。

（三）创设情境问题

我如何为我的班级团队做贡献？

二、教学问题的解决过程

（一）设计问题，导入教学

请两位同学组成一个小团队，通过“你说我猜”说出与深圳市高级中学集团教育教学特色相关的词汇，并引导学生说出本节课课题“我和我的团队”。

（二）情境问题解决过程

情境问题1：我如何在实际行动中为我的团队贡献力量？

引出问题：（1）高中班集体的基本准则有哪些？

（2）你如何认识我和我的团队之间的关系？

（3）在班集体中，你如何为班级团队的荣誉贡献自己的力量？

活动探究："同心棍：奉献自己一份力"。

呈现成果：小组（团队）合作探究，理论提升与分享。

情境问题2：我如何帮助我的团队实现目标？

引出问题：（1）请谈谈你来到深圳市高级中学东校的个人目标（现代高中生个人目标）。

（2）请谈谈我们班的团队目标（现代高中班集体目标）。

（3）你会如何处理个人目标与班级团队目标的关系？

活动探究："纸牌搭塔：心系团队，向更高目标迈进"。

呈现成果：小组（团队）合作探究，理论提升与分享。

（此教学设计案例原始材料由深圳市高级中学方莉苗老师提供）

主题课"城市更新与文化传承之我见"教学设计案例

一、分级分类设计教学问题

（一）锁定育人问题

随着全球化、信息化、智能化时代的到来，可持续发展、创新以及对社会公平的追求成为衡量城市综合竞争力的重要指标，但在高速城市化的背景下，也面临着城市土地资源紧缺、城市空间利用效率低下、土地增值收益分配问题以及土地制度与城市化节奏不相协调等阶段性问题，"城市更新"由此而来。

本节课旨在引导学生认识城市更新这一时代产物，了解城市更新产生的历史背景，思考其带来的社会影响并分析利弊；通过对深圳城市更新的案例调查分析，提高社会实践调查、问题分析与解决能力，运用批判性思维分析家事、国事、天下事，培养"未来人"的领袖情怀，立足本土，放眼全球。

（二）聚焦认知问题

1. 如何理解"城市更新"的概念？

2. 深圳市城市更新的典型模式是什么？

3. 深圳市现有城市更新模式带来了哪些社会影响？

4. 对深圳市现有城市更新模式有哪些建议？

（三）创设情境问题

1. 通过文献查找界定“城市更新”的概念。

2. 学习小组通过社会实践调查总结深圳市城市更新的典型模式。

3. 深圳市现有城市更新模式带来了哪些社会影响？（分组讨论展示）

4. 对深圳市现有城市更新模式有哪些建议？（角色分工扮演）

二、教学问题的解决过程

（一）设计导语，导入教学

通过高二（1）班学生南头古城“城市共生”双年展社会实践引出课题“城市更新与文化传承之我见”。

（二）情境问题解决过程

情境问题1：如何理解“城市更新”的概念？

引出问题：通过一段视频展示城市更新的变化，引导学生思考城市更新是什么，以及对城市更新的理解。

活动探究：小组讨论以上问题。

呈现成果：引导大家认识到城市更新是高速城市化背景下的必然产物。

情境问题2：深圳市城市更新的典型模式是什么？

引出问题：深圳市城市更新现状是怎样的？

活动探究：小组汇报，学生分组社会实践，实地调查与上网调查相结合，制作课件并展示。

呈现成果：了解深圳城市更新的两种主要模式，即大拆大建为主、综合整治为辅。

情境问题3：深圳市现有城市更新模式带来了哪些社会影响？

引出问题：针对深圳现有城市更新模式，请学生分组讨论其带来的社会影响（利弊）。

活动探究：从不同角度（经济、人文、民生、管理等）展开小组讨论，其中两组讨论拆除重建，两组讨论综合整治，并进行展示汇报。

呈现成果：运用批判性思维，从两个角度（利弊）辩证认识城市更新带来的社会影响。

情境问题4：对深圳市现有城市更新模式有哪些建议？

引出问题：请大家分组，从不同角色立场（城市规划者、房地产商、城中村居民、人文学者）对深圳现有城市更新模式提出你们的建议。

活动探究：分角色扮演不同利益方，从自身角度出发，小组讨论并进行展示汇报。

呈现成果：寻找改进措施，培养学生解决问题的能力。

（此教学设计案例原始材料由深圳市高级中学刘磊老师提供）

主题课“我的中国梦”教学设计案例

一、分级分类设计教学问题

（一）锁定育人问题

中国梦，是中国共产党第十八次全国代表大会召开以来，习近平总书记所提出的重要指导思想和重要执政理念。2012年11月29日，习总书记把“中国梦”定义为“实现中华民族伟大复兴，就是中华民族近代以来最伟大梦想”，并且表示这个梦“一定能实现”。“中国梦”的核心目标也可以概括为“两个一百年”目标，也就是：到2021年中国共产党成立100周年和2049年中华人民共和国成立100周年时，逐步并最终顺利实现中华民族的伟大复兴。

实现中华民族的伟大复兴需要我们每一个人去努力奋斗，尤其是接下来的30年正值这一代学生成长和奉献祖国的黄金时期，他们能否把自己个人的梦想和实现中华民族伟大复兴这个伟大的梦想结合起来，也正是我们这个民族能不能实现中国梦的关键。因此本课程锁定育人问题如下。

1. 明确中国梦的内涵和目标。

2. 认识个人梦和国家梦相结合的重要性。

3. 培养青少年的爱国情怀和奉献祖国的精神。

（二）聚焦认知问题

1. 什么是中国梦？

2. 为了实现中国梦，青少年应该树立怎样的梦想？

（三）创设情境问题

1. 中国梦的内涵和目标是什么？

2. 为实现中国梦，青少年应该怎么做？

3. 为什么少年梦和中国梦的统一至关重要？

4. 青少年应该树立怎样的梦想？

二、教学问题的解决过程

（一）设计导语，导入教学

播放纪念五四运动100周年合唱视频《我和我的祖国》。

（二）情境问题解决过程

情境问题1：中国梦的内涵和目标是什么？

引出问题：从历史角度回顾五四运动，100年前，中国的梦想是什么？100年后的今天，中国的梦想又是什么？

活动探究：学习小组讨论。

呈现成果：每个小组分别描述五四运动时期和现在中国的梦想。

引出问题：观看《中国一分钟》后提问，看到哪一分钟最受触动？中国梦发生变化的原因是什么？

活动探究：请学生讨论并分享最受触动的一分钟，思考中国梦发生变化的原因。

呈现成果：学生通过合作探究，明确五四运动100周年以来中国梦的变化和变化的原因，理解当今时代背景下中国梦的内涵和“两个一百年”目标。

情境问题2：为实现中国梦，青少年应该怎么做？

引出问题：在我们的时代，有很多青少年正在用自己的实际行动践行实现中华民族伟大复兴这个梦想，今天借这个机会为五四杰出青年颁奖，请各小组选出一名青年榜样为他们颁奖，通过你们的颁奖词告诉大家，你们为什么选择他？

活动探究：模拟五四杰出青年颁奖典礼。

呈现成果：每个小组发表观点，陈述颁奖的原因。

引出问题：凉山火灾中牺牲的消防员就是很好的榜样，他们为了人民的安全，为了自己的工作，牺牲了自己的生命和幸福，也许他们之中很多人没有什么特别伟大的梦想，但是他们依然感动了我们所有人，看到他们的英雄事迹，你有什么感触？

活动探究：悼念四川凉山火灾牺牲消防员，小组讨论并分享感悟。

呈现成果：通过向青年榜样学习，让学生明白我们这个时代对青少年的期待和要求是什么，并且要认识到个人的梦想一定要和国家的梦想紧密联系在一起。

情境问题3：为什么实现少年梦和中国梦的统一至关重要？

引出问题：观看春晚《少年中国说》表演视频，介绍《少年中国说》的写作背景，为什么青少年要把少年梦和中国梦统一起来？

活动探究：献礼五四运动100周年——续写具有时代意义的《少年中国说》，并且朗诵新版《少年中国说》。

呈现成果：少年强则国强，明确青少年对于实现中国梦的关键作用，明白少年梦统一于中国梦的重要性。

情境问题4：青少年应该树立怎样的梦想？

引出问题：介绍“华为海思总裁凌晨致信”“中美贸易战”等新闻。在实现中国梦的道路上，我们仍然困难重重，但是所有的困难只不过是我们一次又一次的机遇和挑战。那么让我们用自己的梦想助力中国梦，此时此刻，你的梦想是什么？

活动探究：梦想墙——少年，请你大声说出你的梦想。

呈现成果：让同学们明白，我们仍然面临着巨大的挑战和困难，而这些困难和挑战就是我们所有青少年的机遇与责任，我们每个人的梦想都很重要，只有把我们每一个小小的梦想凝聚在一起，才能最终实现中国梦！

课堂小结：

我们要相信梦想、相信远方，相信梦想的力量一定能够带我们去到远方。

合唱校歌《相信远方》。

（此教学设计案例原始材料由深圳市高级中学邓岚老师提供）

主题课“环球同此凉热”教学设计案例

一、分级分类设计教学问题

（一）锁定育人问题

世界环境日，这是人类历史上第一次在全世界范围内研究保护人类环境的决议，标志着人类环境意识的觉醒，象征着全世界人类环境向更美好的阶段发展，标志着世界各国政府积极为保护人类生存环境做出的贡献，反映了世界各国人民对环境问题的认识和态度，表达了人类对美好环境的向往和追求，倡导全人类自觉地加入保护环境的队伍中来，都将为维护和改善人类环境、造福全体人民和后代而努力。从“人类命运共同体”的理念出发，建立“守护地球”的生态文明意识是本节课育人目标的起点，因此我们锁定如下育人问题。

1. 引导学生认识中国特色社会主义生态文明建设。

2. 培养学生掌握学会学习、健康生活、责任担当和实践创新等核心素养。

3. 引导学生理解环境保护与化学学科知识之间的关系，引导跨学科学习。

4. 培养学生运用科学方法解决问题的能力。

5. 培养学生的环保意识。

（二）聚焦认知问题

1. 世界环境日活动中包含的化学内容有哪些方面？

2. 世界环境日活动中人们的行为习惯有哪些？

（三）创设情境问题

1. 通过课前文献查找总结世界环境日活动中的化学内容有哪些方面（如环境污染及治理、能源消耗及节能、生态保护及消费等）。

2. 结合所学的知识，谈谈解决环境问题的措施有哪些。

3. 通过学习小组合作探究，从正反两个方面思考世界环境日活动中人们的行为习惯有哪些。

二、教学问题的解决过程

（一）设计问题，导入教学

世界各国每年都会根据本国环境状况，并结合世界环境日活动主题，提出与之相应的本国环境日活动主题，并采取实际活动来协调人类和环境的关系。世界环境日活动与化学学科紧密相关。2005年至2013年的世界环境日活动主题和我国环境日活动主题如表格所示（略），并播放相关视频。

同学们，表格和视频向我们呈现了一个非常有意义的活动，这个活动与我们的日常生活息息相关，也与我们的化学学科有着紧密的联系。

引导学生引出课题：“环球同此凉热”。

（二）情境问题解决过程

情境问题1：世界环境日活动中包含的化学内容有哪些方面？

引出问题：学生提出环境污染及治理方面蕴含的化学知识。

同学们，在我们的日常生活中存在哪些方面的环境污染？请举例说明并提出相应的应对措施（比如，磷、氮等微量元素超标排放引发的水质污染；Zn、Cd、Hg、Ni、Co等重金属的违规排放引起的土壤污染；因为温室气体CO_2及酸性气体SO_2、NO_2等的超标及不合理排放，酸雨、全球性气候变暖、臭氧层的破坏及PM2.5等）。

活动探究：分组讨论日常生活中的环境污染实例。

呈现成果：学生用所学知识描述日常生活中的环境污染实例，并结合所学知识提出了相应的解决措施，培养学生思考及表达能力。

引出问题：为什么消毒之后的自来水会有奇怪的气味？

同学们，对于被污染的水源，我们通常要进行消毒才能使用，为什么消毒之后的自来水会有奇怪的气味？

活动探究：分组讨论奇怪气味产生的原因。

呈现成果：学生结合所学化学知识推测出气味产生的原因。

引出问题：设计实验检验其中的主要成分。

同学们，请结合所学知识设计实验说明其原理。

活动探究：分组讨论并设计实验进行检验。

呈现成果：学生能够设计实验进行相应的离子检验。

引出问题：学生提出能源消耗及节能方面蕴含的化学知识。

同学们，世界环境日一贯倡导再生、可持续的清洁能源的开发利用。在环境日活动现场展示出的“绿色发电机”“水果化学教室”等，是由青少年用废旧电线、水果做成的简易小功率原电池手动发电机及能量棒，使人耳目一新，“纳米级可再生纸”已经在全球范围内投入使用。世界环境日同时倡导用“可持续的绿色化学能”来造福人类，如现在炙手可热的核能，德国、马来西亚等国家已经将之代替火力进行发电，清洁方便的天然气已经在我国普及，这些措施都体现了化学在能源问题中的有利影响。那么，我们今天一起来模拟“水果电池”，体验绿色发电的魅力吧。

活动探究：引导学生开展小组实验，模拟“水果电池”。

呈现成果：学生能够动手独立完成“水果电池”，体验绿色发电的魅力。

引出问题：学生提出生态保护及消费方面蕴含的化学知识。

同学们，你们知道什么是“绿色化学”吗？为了满足“绿色化学”的宗旨，我们能够做些什么？（比如，“无磷商品”的热销、“一次性发泡餐具”的解禁、“活性炭净水器”的使用，都体现了“绿色化学”绿色、安全的宗旨）

活动探究：分组讨论“绿色化学”的含义及其相应的措施。

呈现成果：学生能够认识“绿色化学”及其宗旨，并找出生活中的实例。

情境问题2：世界环境日活动中人们的行为习惯有哪些？

引出问题：对生活中出现的破坏环境的不良行为习惯进行描述。

同学们，通过观看视频并结合自身的生活经历，谈谈生活中存在哪些破坏环境的不良行为习惯。

活动探究：小组讨论并归纳破坏环境的不良行为习惯。

呈现成果：学生通过讨论归纳出了破坏环境的不良行为习惯，加深其环保意识。

引出问题：对生活中出现的保护环境的优良作风进行描述。

同学们，通过观看视频并结合你自身的生活经历，谈谈生活中存在哪些保护环境的优良作风。

活动探究：小组讨论并归纳保护环境的优良作风。

呈现成果：学生通过讨论归纳出了保护环境的优良作风，加深其环保意识。

引出问题：引导学生各组谈谈世界环境日活动的体会（小组演讲）。

同学们，通过以上活动，相信每个同学对今天的主题应该有了更加深刻的认识，接下来，我们请每个小组谈谈本节课的体会。

活动探究：引导学生各组谈谈世界环境日活动的体会（小组演讲）。

呈现成果：学生切身实际地总结本节课的心得体会，达到主题的升华，为教师集体总结积累素材。

（此教学设计案例原始材料由深圳市高级中学周礼老师提供）

主题课“如何参与粤港澳大湾区教育发展”教学设计案例

一、分级分类设计教学问题

（一）锁定育人问题

作为社会主义建设者和接班人，深圳青少年需要了解国家、区域发展的方向，了解国家在各个领域重大的改革，本节课基于SWOT分析法来启发学生思考粤港澳大湾区教育发展问题，以国际视野分析粤港澳大湾区教育发展。

“基于SWOT分析法看待粤港澳大湾区教育发展”这个问题比较大，学生很难直接解决，需要分解为若干小问题，逐步解决。老师介绍SWOT分析的方法，用此方法分解问题。

（二）聚焦认知问题

1. 粤港澳大湾区在教育发展方面的优势（strengths）是什么？

2. 粤港澳大湾区在教育发展方面存在的机会（opportunities）有哪些？

3. 粤港澳大湾区在教育发展方面存在的挑战（threats）有哪些？

4. 综合分析粤港澳大湾区在教育发展方面存在的机会与挑战。

（三）创设情境问题

1. 从宏观层面分析粤港澳大湾区有哪些教育优势？

2. 临近高中毕业，我们从这些教育优势中受益了吗？如果受益了，都体现在哪些方面？

3. 作为深圳的居民，你认为粤港澳大湾区在教育发展方面的优势有哪些？

4. 从宏观层面分析粤港澳大湾区有哪些教育劣势？

5. 从外部环境上来看，粤港澳大湾区在教育方面还会有哪些发展机会和挑战？

6. 如果我们是决策者，我们如何利用这些机会来进一步增强优势？如何规避挑战来化解劣势？

二、情境问题解决过程

（一）设计导语，导入教学

1. 引入粤港澳大湾区的背景知识。

2. 学生模仿《新闻联播》的方式播报有关粤港澳大湾区的新闻（一名同学

用普通话，另一名同学用粤语）。

3. 视频引入，播放3分钟粤港澳大湾区中英文宣传片。

（二）情境问题解决过程

情境问题1：粤港澳大湾区在教育发展方面的优势是什么？

引出问题：宏观层面粤港澳大湾区有哪些教育优势？

活动探究：阅读《粤港澳大湾区发展规划纲要》单行本，分组讨论，将结果用关键词概括。

呈现成果：小组代表总结发言，在黑板上写出自己小组找到的关键词。

引出问题：临近高中毕业，我们从这些教育优势中受益了吗？如果受益了，都体现在哪些方面？

活动探究：小组讨论，分享观点。

呈现成果：小组代表发言，总结本组讨论观点。

情境问题2：粤港澳大湾区在教育发展方面存在的机会有哪些？

引出问题：作为深圳的居民，你认为粤港澳大湾区在教育发展方面的优势有哪些？

活动探究：学生分享自己的亲身经历。

呈现成果：小组代表总结本组成员的经历，分别陈述。

情境问题3：粤港澳大湾区在教育发展方面存在的挑战有哪些？

引出问题：从宏观层面分析粤港澳大湾区有哪些教育劣势？

活动探究：学生在线填写调查问卷（教师提前用问卷星准备好）。

呈现成果：小组代表根据问卷生成结果分析出教育劣势，并用关键词概括。

情境问题4：综合分析粤港澳大湾区在教育发展方面存在的机会与挑战。

引出问题：从外部环境上来看，粤港澳大湾区在教育方面还会有哪些发展机会和挑战？

活动探究：记者团采访及角色扮演。每组扮演一种角色，深圳市高级中学记者团连线采访4位不同领域的专家（教育部门、政府相关部门、大学教授、普通市民等），从不同角度收集教育存在的机会和挑战。

呈现成果：学习小组汇总调研报告，并与全班同学分享。

引出问题：如果我们是决策者，我们如何利用这些机会来进一步增强优势？如何规避挑战来化解劣势？

活动探究：记者团队利用收集到的各方面信息，结合本节课分析过的优势、劣势、机会、威胁四要素撰写对策建议，制作海报。

呈现成果：以海报的形式归纳总结。

学生作业：各小组课后撰写《少年智慧共创湾区》——基于SWOT分析粤港澳大湾区教育发展建议书，并发送至相关部门，为粤港澳大湾区发展贡献自己的一份力量。

（此教学设计案例原始材料由深圳市高级中学曾弦老师提供）

主题课“团队合作”教学设计案例

一、分级分类设计教学问题

（一）锁定育人问题

班级是学校教育教学的基本单位，是学生学习与生活的基层集体，班级团队的建设直接影响着学生的成长，也是学生社会化发展的重要起点，在班集体建设中学生参与班级管理，在处理班级事务中学会集体决策，解决矛盾冲突，形成团结协作的班集体精神，掌握团队合作的技能，因此本节主题课锁定育人问题如下。

1. 培养学生沟通、合作、计划、决策、领导、执行、学习和创新能力。

2. 如何通过游戏，让学生认识到团队合作的重要性。

（二）聚焦认知问题

1. 了解团队合作的意义。

2. 掌握能使团队合作的效用最大化的决策和执行方法。

（三）创设情境问题

1. 理解团队合作的含义。

2. 了解团队合作的核心内容。（团队信息传递和反馈的技术、跨文化的支持，理解和协调、明晰团队角色和任务、领导团队排除干扰和适时调整工作计划）

3. 了解和学习团队内成员的角色分工。（做好分内的事，积极主动承担责任，有沟通意识、沟通技巧和解决问题的能力）

二、教学问题的解决过程

（一）设计问题，导入教学

《众人划桨开大船》的歌词中有这么一句："一根筷子耶，轻轻被折断，十双筷子哟，牢牢抱成团；一个巴掌耶，拍也拍不响，万人鼓掌哟，声啊声震天，声震天。"这句歌词主要说明什么道理？对此，你是如何理解的？

引导学生引出课题：团队合作。

（二）情境问题解决过程

情境问题1：理解团队合作的含义。

引出问题：同学们，通过上面的歌词，谈谈你对团队合作的理解。

活动探究：引导学生开展小组讨论，描述对团队合作的理解。

呈现成果：学生用所学知识描述团队合作的含义，培养学生的思考及表达能力。

引出问题：同学们，通过思考说出了很多关于团队合作方面的例子，但这之中多多少少体现了个人作为的重要性，这两者是否是完全的对立面呢？

活动探究：引导学生开展小组讨论，分析团队合作和个人作为的区别与联系。

呈现成果：明白个人作为和团队合作之间的联系，理解团队合作的意义。

情境问题2：了解团队合作的核心内容。

引出问题：通过刚才的讨论和活动我们清楚了团队的含义，那团队合作的关键又是什么呢？

活动探究：组织学生分小组进行生日排序游戏。按全组每名组员的生日的大小排序，不考虑生肖和年份，只按日期从1月1日依次到12月31日排序；游戏过程中，脚着地时必须踩在指定的直线上；在完成任务之前不准说话；任何违规行为都将受到惩罚，小组有成员受罚时，必须停止工作；完成任务后由组长用OK的手势向老师示意。

呈现成果：游戏结束后各小组总结游戏体验，总结团队合作的核心内容。

引出问题：同学们，在刚刚的小组合作游戏中，我们是如何完成任务的？说明团队合作的核心是什么？

活动探究：学生分小组讨论，列举团队合作的核心内容。

呈现成果：小组汇报讨论结果。

引出问题：通过讨论，同学们了解了团队合作的核心内容，那么在具体操作中，组员们又该如何落实呢？大家思考这样几个问题。

（1）组长有没有发挥作用？组长的领导意识和领导能力如何？

（2）一个团队要提高战斗力，除了领导给力，组员们应该如何做？军队为什么会有超强的执行力？

（3）对沟通的渠道和方式的多样性是否有了新的认识？对如何进行有效沟通是否有更为深刻的感悟？

（4）有没有找到好的方法帮助团队更好地完成任务？是否对“方法总比困难多”这句话有了更深刻的理解？

活动探究：小组合作学习与讨论。

呈现成果：小组成员们认识到个人如何配合才能使团队发挥应有的力量。

情境问题3：了解和学习团队内成员的角色分工。

引出问题：同学们，通过以上活动，相信每位同学都对今天的主题有了更加深刻的认识，接下来，我们请每个小组总结一下在本节课开展的学习探究活动中每个团队内成员的角色分工。

活动探究：每个学习小组以演讲的方式总结学习心得（小组演讲）。

呈现成果：学生切身实际地总结本堂课的心得体会，达到主题的升华。

（此教学设计案例原始材料由深圳市高级中学罗永隆老师提供）

主题课“做校园里的谦谦君子”教学设计案例

一、分级分类设计教学问题

（一）锁定育人问题

孔子曰：“人无礼则不立，事无礼则不成，国无礼则不宁。”文明礼貌是中华民族的优良传统。《公民基本道德规范》创新地提出了“明礼”这一道德规范，文明礼仪又被时代赋予了新的含义。“明礼”不仅是申明、倡明“礼”，而且是注重“礼”的实践。中学生的思想道德素质和文明修养状况在很大程度上代表着社会的先进道德文明水平。中学生礼仪教育既是现代社会文明进步的需要，也是社会对教育工作者提出的提高素质的新课题。因此本课锁定如下育人问题。

1. 引导学生树立尊重自己和他人、平等待人、真诚、礼貌的观念。

2. 指导学生学习文明礼仪规范，养成讲文明、懂礼仪的行为习惯。

3. 帮助学生掌握社会生活的基本原则，引导学生践行公民基本道德规范。

（二）聚焦认知问题

1. 了解文明礼仪的基本要求。

2. 养成讲文明、懂礼仪的行为习惯。

（三）创设情境问题

1. 了解文明礼仪的主要内容。（用核心词表达：仪容、仪态、语言、行为等）

2. 掌握校园文明礼仪的基本要求。（仪容、仪态、语言、行为四个方面）

3. 了解讲文明、懂礼仪行为习惯的重要性。（道德修养、交际能力、自身成长等）

4. 掌握讲文明、懂礼仪行为习惯养成的科学方法。（同伴互助、学校教育、家庭影响、自我反省等）

二、教学问题的解决过程

（一）设计问题，导入教学

不学礼，无以立。（《论语》）

礼尚往来，往而不来，非礼也；来而不往，亦非礼也。（《礼记》）

良言一句三冬暖，恶语伤人六月寒。（《增广贤文》）

见人不施礼，多走二百里。

君子不失色于人，不失口于人。

礼到人心暖，无礼讨人嫌。

中国自古以来就是礼仪之邦，文明礼仪是中华民族的优良传统。文明到底是什么呢？下面请同学们看视频。

作为新一代的青少年，我们更不能忘记传统，应该力争做一个讲文明、懂礼仪的好学生，把文明的种子到处传播。作为中学生，我们应该创造一个怎样的校园呢？

引出课题：让校园“礼”花绽放。

（二）情境问题解决过程

情境问题1：了解文明礼仪的主要内容。（用核心词表达）

引出问题：学生对文明礼仪的主要内容进行总结。

同学们，通过上面的四个例子，我们发现文明礼仪与生活息息相关，处处存在，那么校园生活中文明礼仪包含哪些方面的内容呢？

活动探究：分组讨论文明礼仪有哪些内容。

呈现成果：学生用所学知识描述文明礼仪的内容，培养学生思考及表达能力。

引出问题：对文明礼仪的内容进行核心词归类。

同学们，通过小组讨论说出了很多关于文明礼仪方面的核心词，但这些核心词还比较分散，有些是重复的，有些是与我们讨论主题无关的，所以我们有必要对这些核心词进行筛选和归类。

活动探究：引导学生开展小组讨论，用核心词对文明礼仪相关内容进行归类。

呈现成果：学生对文明礼仪的主要内容用核心词进行归类，如仪容、仪态、语言、行为等。

情境问题2：掌握校园文明礼仪的基本要求。（用核心词表达）

引出问题：图片展示校园不文明行为，分析校园不文明行为出现的原因。

同学们，通过图片展示，我们发现校园生活中存在如此多的不文明现象，在不同场合下有着不同文明礼仪的基本要求。校园不文明行为出现的原因是什么呢？

活动探究：引导学生开展小组讨论，对校园不文明行为产生的原因进行分析。

呈现成果：学生用核心词归纳出校园不文明行为产生的原因，使学生具备全面的归纳总结和分析问题能力。

引出问题：总结校园文明礼仪的基本要求。

活动探究：引导学生开展小组讨论，归纳出为创建文明校园，中学生应该遵守的文明礼仪基本要求。

呈现成果：总结文明礼仪基本要求的核心词，使学生具备全面的反思和总结问题的能力。

情境问题3：了解讲文明、懂礼仪行为习惯的重要性。

引出问题：理解文明礼仪对生活、社会的好处。

同学们，通过观看名人的事例讨论：文明礼仪会给我们自身成长和社会稳定带来哪些好处？

活动探究：分组讨论理解文明礼仪对自身成长、社会稳定带来的好处。

呈现成果：列举文明礼仪对自身成长、社会稳定带来的好处，使学生具备发现问题和总结问题的能力。

引出问题：礼仪不当会造成哪些社会危害？

同学们，通过讨论找出了这些核心词的反义词，这些反义词就像是病原体，如果我们不能够及时发现并处理它们，它们就会变成一种"心理病毒"，不断地侵害我们，到那个时候，又会出现哪些危害呢？

活动探究：分组讨论礼仪不当所造成的危害有哪些。

呈现成果：列举礼仪不当造成的社会危害，使学生具备发现问题和总结问题的能力。

引出问题：怎样以文明礼仪引导改善不正确的礼仪？

同学们，通过讨论列举生活中对同一种事情使用文明礼仪和不当礼仪，用同一件事情的反差来衬托文明礼仪的重要性。

活动探究：分组讨论同一件事情用文明礼仪和不当礼仪带来的不同结果。

呈现成果：小组列举文明礼仪内容与不当礼仪内容，从正反两个方面使学生明确遵守礼仪的必要性，使学生具备对比分析的能力。

情境问题4：掌握讲文明、懂礼仪行为习惯养成的科学方法。

引出问题：描述文明礼仪习惯养成的科学方法。

通过前面的活动，我们明白了在生活中应该用文明礼仪方式与他人相处，有哪些科学方法可以帮助我们养成文明礼仪习惯呢？

活动探究：分组讨论养成文明礼仪习惯应把握的科学方法。

呈现成果：通过描述养成文明礼仪习惯的科学方法，引导学生学会思考。

引出问题：对掌握讲文明、懂礼仪行为习惯的科学方法的核心词归类。

同学们，通过小组讨论说出了很多关于如何养成讲文明、懂礼仪行为习惯的科学方法核心词，但这些核心词还是比较广泛，所以我们有必要对这些核心词进行筛选和归类。下面请各小组讨论并且归纳出掌握讲文明、懂礼仪行为习惯科学方法的核心词。

活动探究：引导学生归纳养成讲文明、懂礼仪行为习惯的科学方法（用核心词表达）。

呈现成果：通过引导学生用核心词表达归纳养成讲文明、懂礼仪行为习惯的科学方法（如自我反省、他人评说、学校及家庭教育等），提高学生归纳总结能力。

引出问题：如何运用科学方法养成讲文明、懂礼仪行为习惯?

我们常说学以致用。学，我们已经学了，下面该是用了。各种科学方法该如何实施?

活动探究：引导学生根据养成讲文明、懂礼仪行为习惯的科学方法，自测。(激励评价机制)

“文明礼仪人”自测：你是一个文明的人吗?

(1) 升国旗时，你能肃立，行注目礼吗?（　　）

A. 能　　B. 有时　　C. 不能

(2) 你平时说脏话吗?（　　）

A. 不说　　B. 很少说　　C. 常说

(3) 路上见到老师，你会主动上前问好吗?（　　）

A. 会　　B. 有时会　　C. 不会

(4) 你有过破坏公物、乱扔粉笔的行为吗?（　　）

A. 没有　　B. 有过　　C. 经常

(5) 你能和同学友好相处并互相帮助吗?（　　）

A. 能　　B. 很少　　C. 没有

(6) 你会乱扔垃圾吗?（　　）

A. 不会　　B. 偶尔　　C. 经常

(7) 看见校园有垃圾，你会捡起来并将其扔进垃圾桶吗?（　　）

A. 会　　B. 有时　　C. 不会

(8) 你能够做到上课认真听讲，不讲话、做小动作吗?（　　）

A. 能　　B. 有时　　C. 不能

(9) 你能按时独立完成作业，不抄袭别人作业吗?（　　）

A. 能　　B. 有时　　C. 不能

(10) 参加各种集会能准时到达，安静听讲吗?（　　）

A. 能　　B. 有时　　C. 不能

说明：选择A得3分，选择B得2分，选择C得1分。

分数为30~24分：你是个讲文明、懂礼仪的人。举止言谈文明，与老师、父母、同学相处融洽，人际关系好，是个受欢迎的人!

分数为22~16分：一般情况下，你是个文明的人，但有时可能没有认真对待一些事情，特别是一些小事，人际关系一般，是个比较受欢迎的人！

分数为14~10分：许多情况下，你是个不文明的人，人际关系一定很差，是个不受欢迎的人。要注意。

呈现成果：通过自测，掌握自我评价的科学方法。

引出问题：生活中你是如何评价他人的呢？

活动探究：引导学生开展他人评价，同桌手拉手，互相评价对方。（他人评说）

呈现成果：通过他测，使学生掌握他人评价的科学方法。

活动探究：班级文明礼仪大使选拔赛。

第一环节：演讲

第二环节：亲友团力荐　　　　　　评委初评

第三环节：文明礼仪知识竞答　　　再评

第四环节：文明礼仪访谈　　　　　评委总评

呈现成果：通过班级比赛，发挥集体教育的优势，帮助学生理解集体教育的方法。

引出问题：引导学生利用本节课的收获解决实际问题。

同学们，通过以上活动，相信每位同学都对今天的主题有了更加深刻的认识，接下来我们通过一个活动检验大家掌握了哪些文明礼仪的基本要求。

活动探究：引导各组学生针对特定场景做出文明礼仪行为（小组抽题表演）。

（1）你是领导早读的学生，每天总会早早地来到学校。今天，你也像往常一样来到教室，发现老师还没来，有两个同学在过道上追逐打闹。看到这一切，你应该怎么说、怎么做呢？请表演。

（2）今天早晨，你起床时，发现头痛极了，嗓子也十分干哑。爸爸摸摸你的头，发现你发高烧了，必须到医院去，于是，你想打电话给老师请假半天，该怎么说呢？请表演。

（3）刘老师在上课时发现，需要用到小刀，而小刀是（3）班班主任焦老师的，她正在办公室里批改作业。于是刘老师请你去借，你来到办公室门口，该怎么说、怎么做呢？请表演。

（4）今天，你要到学校图书馆去借一本叫《十万个为什么》的书。可是你刚走进图书馆大门——哇！图书馆一共有3层，真大呀，该怎么办才好呢？

请表演。

呈现成果：通过表演活动检验本堂课的收获，达到主题的升华。

课后作业：文明礼仪是公民的基本道德规范，除此之外，我们还应该遵守哪些道德规范呢？作为中学生，我们该如何践行这些道德规范？请大家以小组为单位收集相关资料，下一次班会课进行组间交流。

（此教学设计案例原始材料由深圳市高级中学程世红老师提供）

主题课“与他人交往的智慧”教学设计案例

一、分级分类设计教学问题

（一）锁定育人问题

我们生活在社会中，离不开与他人交往。良好的人际沟通和交往需要相互了解、相互信任、相互尊重，需要我们学会宽容、学会珍惜、学会感恩。而人际交往中，谈话的精粗和优劣，不仅能反映出一个人的文化修养和道德水平，还能对他人产生不同的心理效应，影响交往的效果，因此学会准确表达很重要。在本期以“学会交往”为主题的活动设计中，我们为大家提供了《学会交往》《学会准确表达》《烛光里，让你了解我》3篇文章，希望能对老师们的实际工作有所帮助。与他人交往直接影响着学生的个性心理以及道德素养的形成和发展，因此本课锁定育人问题如下。

1. 引导学生形成诚信、友善、敬业等方面的社会主义核心价值观。
2. 培养学生掌握学会学习、健康生活、责任担当、实践创新等核心素养。
3. 引导学生理解用心与他人交往的含义以及掌握科学方法。
4. 培养学生运用科学方法与他人交往的能力。
5. 培养学生的归纳总结能力。

（二）聚焦认知问题

1. 了解“与他人交往”的含义。（用核心词表达）
2. 掌握“与他人交往”的科学方法。（用核心词表达）

（三）创设情境问题

1. 理解“与他人交往”包括的范畴有哪些？可以用哪些核心词表达？（如认识自我、悦纳自我、善待自我、发展自我等）

2. 理解“用心与他人交往”的积极心理状态有哪些？可以用哪些核心词表达？（如爱心、善心、静心、自尊心、进取心、乐观心、恒心等）

3. 掌握“用心与他人交往”的科学方法。（如自我反省、他人评说、积极心理暗示等）

二、教学问题的解决过程

（一）设计问题，导入教学

生活中，我们都重视与他人交往，那么，怎样才能正确地与他人交往呢？下面请同学们看视频：以《鲁滨孙漂流记》中主人公在荒岛只身生活28年，没有任何人交流，内心非常孤独、痛苦为例。（多媒体展示）

同学们，主人公28年在荒岛上的生活缺少了什么呢？

引出课题：与他人交往。

（二）情境问题解决过程

情境问题1：“与他人交往”的范畴。（用核心词表达）

引出问题：学生对“与他人交往”的范畴进行描述。

同学们，通过上面的案例，我们发现与他人交往非常重要，日常生活中，我们与他人交往的对象有哪些呢？

活动探究：分组讨论“与他人交往”。

呈现成果：学生用所学知识描述“与他人交往”的范畴，培养学生思考及表达能力。

引出问题：对“与他人交往”范畴中的核心词进行归类。

同学们，通过小组讨论说出了很多关于与他人交往的核心词，但这些核心词还是比较分散，有些是重复的，有些是与我们讨论主题无关的，所以我们有必要对这些核心词进行筛选和归类。下面请各小组讨论，帮你们的核心词找到“家”，用iPad呈现。

活动探究：引导学生开展小组讨论，对“与他人交往”的核心词进行归类。

呈现成果：学生对“与他人交往”范畴中的核心词进行归类（如尊重、给予、理解宽容等）。

引出问题：找出“与他人交往”范畴中的核心词的反义词。

同学们，通过讨论和归纳，我们帮这些核心词找到了“家”，明确了与自己交往的范畴。但是也有一些交往出现了问题，或者失败。同学们试一试，给我们归纳的这些核心词找出反义词。

活动探究：分组讨论“与他人交往”范畴中部分核心词的反义词。

呈现成果：学生找出“与他人交往”范畴中核心词的反义词，使学生具备全面分析问题的能力。

引出问题：与他人交往不当会造成哪些危害?

同学们，通过讨论找出了这些核心词的反义词，这些反义词就像是病原体，如果我们不能够及时发现并处理它们，它们就会变成一种“心理病毒”，不断地侵害我们，到那个时候又会出现哪些危害呢?

活动探究：分组讨论与他人交往不当所造成的危害有哪些。

呈现成果：小组列举与他人交往不当造成的社会危害，从而通过正反两个方面强化学生正确与他人交往的必要性。

情境问题2：了解用心与他人交往的积极心理状态。

引出问题：对用心与他人交往的积极心理状态进行描述。

同学们，通过上面的活动，我们发现与他人交往具有两面性，如果能与他人和谐相处，我们就能健康快乐地生活和学习；相反，如果不能与他人和谐相处，就会打乱我们生活和学习的节奏。《三顾茅庐》的故事我们耳熟能详，下面看完视频后讨论与他人交往的心态。

活动探究：小组讨论挖掘出视频中积极的心理状态。

呈现成果：学生根据视频，列举用心与他人交往的积极心理状态，从而为进入下一个主题做好铺垫。

引出问题：对用心与他人交往的积极心理状态用核心词表达。

在不幸的人生中，刘备之所以能够成功争取到诸葛亮的帮助，我们应该心有触动。听了同学们的讨论，看得出大家都非常有感触。但是还不够系统，我们能不能用更具体、精练的核心词概括出用心与他人交往的积极心理状态呢?

活动探究：小组讨论，引导对与他人交往的积极心理状态用核心词进行归类。

呈现成果：学生对与他人交往的积极心理状态用核心词进行归类（如爱心、善心、自尊心、防备心等），提高学生的归纳总结能力。

引出问题：与他人交往的消极心理状态有哪些?

与之相比，许多人拥有健全的身体，但他们并不快乐，他们的人生历程中与他人交往充满挫折。同学们想一想，生活中有哪些是与他人交往的消极心理状态呢?

活动探究：小组讨论，消极心理状态有哪些?

呈现成果：学生列举与他人交往的消极心理状态，使学生具备全面分析问题的能力。

引出问题：用消极的心理状态与他人交往有哪些危害?

同学们，通过讨论找出了一些消极心理状态，试想，如果同学们总是用消极的心理状态来面对生活中的点点滴滴，又会出现哪些危害呢?

活动探究：分组讨论与他人交往的消极心理状态造成的危害，从而引导学生克服消极心理状态。

呈现成果：小组列举用消极的心理状态与他人交往有哪些危害，从而克服其带来的危害。

情境问题3：与他人交往应把握哪些科学方法?

引出问题：对与他人交往中的科学方法进行描述。

通过前面的活动，我们明白了在生活中应该尽量用积极的心理状态去与他人交往，这样我们才能收获幸福与快乐，那我们可以用哪些科学方法去更好地与他人交往呢?

活动探究：分组讨论与他人交往应把握的科学方法。

呈现成果：通过学生对与他人交往中的科学方法进行描述，引导学生学会思考。

引出问题：对与他人交往应把握的科学方法的核心词进行归类。

同学们，通过小组讨论说出了很多关于与他人交往的科学方法核心词，但这些核心词还是比较广泛，所以我们有必要对这些核心词进行筛选和归类，下面请各小组讨论并且归纳出与他人交往的科学方法的核心词。

活动探究：引导学生归纳与他人交往的科学方法（用核心词表达）。

呈现成果：通过引导学生用核心词表达归纳与他人交往的科学方法（如宽容、尊重等），提高学生的归纳总结能力。

（此教学设计案例原始材料由深圳市高级中学杜颖老师提供）

主题课“预防传染病，健康你我他”教学设计案例

一、分级分类设计教学问题

（一）锁定育人问题

为实践以问题为导向的设计模型，在教育教学过程中以问题引领教学，锁定育人问题，聚焦认知问题，创设教学情境问题来引导学生合作探究解决问题，达成学生核心素养的提升，使学生认识预防传染疾病的重要性和正确措施，建立保护自己和他人的意识，增强社会责任感、民族自豪感和爱国情怀。运用跨学科知识和思维方式分析与解决实际问题，正确认识传染病及传播方式，学会正确的预防措施，基于现实问题增强社会责任感和民族自豪感。通过聚焦问题，确定核心问题，研究解决问题的方式和方法。

（二）聚焦认知问题

传染病是由各种病原体引起的能在人与人、人与动物、动物与动物之间相互传播的一类疾病，病原体大多为微生物，是威胁全人类健康的重大杀手。传染病的传播途径多样，具有传染性和流行性，可以分为呼吸道传染病、消化道传染病、血液传染病、体表传染病、性传染病等类型。每年都有不计其数的人被各种传染病夺去宝贵的生命，因此它始终受到人类的高度重视。尤其当前正在全球传播的新冠病毒，是学生的认知里感受最深、影响规模最大、持续时间最长的一种传染病。选取传染病的预防为主题，希望使学生科学认识传染病，了解如何正确预防，并通过我国在新冠病毒防治中的卓越成就及医护人员的辛勤付出，使学生树立强烈的责任感、民族自豪感和爱国情怀。这是本节课要聚焦的重点认知问题。

1. 什么是传染病？

2. 我们在生活中可以采取哪些途径预防传染病？

3. 如何看待在新冠病毒防治中我国的应对表现？

（三）创设情境问题

1. 你知道哪些传染病？传染病有哪些类型？

2. 传染病的传播途径有哪些？

3. 传染病的危害如何？

4. 我们在生活中可以采取哪些途径预防传染病?

5. 如何看待在新冠病毒防治中我国的应对表现?

6. 在新冠病毒防治中我国采取了哪些措施?

7. 在全球疫情环境下，我国的迅速应对归功于哪些因素?

二、教学问题的解决过程

教学问题的解决过程

引出问题	活动探究	成果呈现
【引入】人类历史上的大型传染病案例 【板书】预防传染病	认真观看视频和图片	引起学生兴趣，初步认识传染病对人类的威胁
【组织讨论】通过观看刚才的视频，结合手中的资料讨论，这些传染病通过什么途径实现传播?你还知道哪些传染病?传染病有哪些危害 【幻灯片展示】传染病的传播途径和危害，展示传染病防治法相关内容	认真阅读手中资料，讨论并回答 小组之间互相补充，最终形成较完整的认识	引导学生通过阅读材料获取有效信息，认识传染病的传播途径、类型和危害 通过小组合作，互相交流，对传染病形成全面认识，通过教师梳理，解决核心问题一
【组织讨论】自2020年年初到现在，新冠病毒仍在影响着全球人类。它传染能力极强，感染人数飞速增加，医疗资源相对有限，因此做好个人防护、掌握预防传染的正确措施对个人和社会都至关重要 【提问】我们在生活中可以采取哪些途径预防传染病 【视频展示】预防传染病的科普宣传视频	结合自身生活经验、科普知识，讨论交流并回答	解决核心问题二，学生能够基于科学认识，了解预防传染病的有效措施，掌握自我防护的科学方法
【视频展示】我国的新冠病毒防治历程和现状 【提问】我国在新冠病毒防治过程中采取了哪些措施	认真观看视频和图片，认识我国的防治历程，感受应对措施之高效	认识到我国在新冠病毒防治过程中所做的努力，再次认识传染病对人类社会的巨大冲击

续 表

引出问题	活动探究	成果呈现
【视频展示】我国领导人、医护人员、建筑工人、志愿者等各行各业在疫情防控期间所做的努力和访谈 【提问】我国在全球应对疫情大环境下，率先实现疫情有效防控，你认为我国取得巨大成就的主要因素有哪些	讨论交流，我国应对疫情的有效措施 从视频和图片材料中，感受各行各业人民为疫情所做的努力，反思我国取得成功的因素	认识到我国的巨大体制优势以及全国人民的凝聚力和奉献精神，解决核心问题三。感染学生，增强社会责任感；增强民族凝聚力和爱国情怀，树立坚定的爱国主义信念
【组织总结】总结学生发言和班会内容，进一步激发学生爱国情怀和社会责任感，为国家和社会做出自己的贡献，关爱自己、他人和社会	回想，总结	总结主题，激起学生情感体验

（此教学设计案例原始资料由深圳市高级中学郭昭薇老师提供）

主题课“学习‘工匠精神’”教学设计案例

一、分级分类设计教学问题

（一）锁定育人问题

基于以问题为导向的教学设计模型，在教学研究、教学过程中以问题为导向，通过对问题进行研究，确定“锁定育人问题”“聚焦认知问题”“创设情境问题”三个层面的教学问题，通过小组合作学习引导学生了解“工匠精神”的内涵、时代意义与实践路径，正确理解“工匠精神”，把“工匠精神”和认真、踏实做事的态度践行在人生中。

（二）聚焦认知问题

“工匠精神”自2016年3月首次出现在十二届全国人大四次会议政府工作报告中后，受到广泛关注和热议，引发很多人的思考。作为心怀梦想、追求知识、肩负未来的青年学子，应如何理解“工匠精神”的内涵？面对创新驱动的国家发展战略，我们应如何践行“工匠精神”？如何弘扬“工匠精神”，追求卓越人生？

1. 怎样理解“工匠精神”？

2. “工匠精神”和个人精神有什么联系？

3. 作为当代中学生，怎样把“工匠精神”融入自己的学习生活中？

（三）创设情境问题

1. 可以从哪些角度理解“工匠精神”？

2. 你的爱好是什么？

3. 你的爱好同个人发展、身心发展有什么联系？

4. “工匠精神”和个人精神有什么联系？

5. 如何从自身角度去实现“工匠精神”？

6. 想要实现自己的“工匠精神”应该从哪些角度出发？

二、教学问题的解决过程

教学问题的解决过程

引出问题	活动探究	成果呈现
【组织教学】请同学用一个词来形容，作为一名合格的工匠需要具备怎样的品质？主持人播放学生在实习期间的作品，随机选取，当画面停留在谁的作品上谁就起立说一个合格的工匠应具备的品质的词语（如专注）。 教师进一步解读“工匠精神”：当今社会心浮气躁，追求“短、平、快”，从而忽略了产品的品质灵魂 【板书】“工匠精神”初印象	认真观看视频，思考，得出感想	引起学习的兴趣
【组织教学】请大家带着这样的问题仔细阅读手中的资料，全方面地了解“工匠精神”：（1）“工匠精神”是在什么时候提出来的？（2）“工匠精神”的内涵是什么 【提问】“工匠精神”是在什么时候提出来的“工匠精神”的内涵是什么 【提问】现在同学们对“工匠精神”有了初步的认识，那么该如何理解“工匠精神”呢？每个小组可以自选角度讨论 引导学生们从不同角度分析 【板书】如何理解“工匠精神”	认真阅读手里的资料，全面地了解“工匠精神” 不同小组选择不同的角度，答案往往也不尽相同	引导学生认真阅读，培养学生提取有效信息的能力 通过回答两个小问题，初步了解“工匠精神” 通过小组合作探究，从不同角度去理解“工匠精神”，听取其他小组的想法，丰

续 表

引出问题	活动探究	成果呈现
【播放视频】准备足够的可能用到的视频，依据学生的阐述播放与其相关的视频		富知识网络
【组织教学】“工匠精神”的最大特点，第一是热爱你所做的事，胜过爱这些事给你带来的回报；第二是精益求精，精雕细琢。精益管理就是“精”“益”两个字。你把它从60%提高到 99%和从 99%提高到 99.99%是一个概念。他们不跟别人较劲，只跟自己较劲。通俗地讲，就是做电饭煲的，能让煮出来的米饭粒粒晶莹不粘锅；做吹风机的，能让头发吹得干爽柔滑；做菜刀的，能让每一个主妇手起刀落，轻松省力；做保温杯的，能让每一个出行者在冬天喝到一口热水。工匠们不断雕琢自己的产品，不断改善自己的工艺，享受着产品在双手中升华的过程。工匠们对细节有很高的要求，追求完美和极致，对精品有着执着的坚持和追求，把品质从99%提高到 99.99%，其利虽微，却长久造福于世。其精髓就是：耐心，专注，坚持。不断提升产品和服务，因为真正的工匠在专业领域绝对不会停止追求进步，无论是使用的材料、设计还是生产流程，都在不断完善 【播放视频】社会中各行各业的人都有自己的精神，连在一起就是伟大的“工匠精神” 【展示PPT】班级中每个学生的精神连在一起就是伟大的“工匠精神” 【板书】“工匠精神”·我们的精神	【回答】首先阐述个人精神，阐述个人精神和“工匠精神”有什么联系，个人梦想和“工匠精神”怎样有机结合	解决核心问题，使学生切身体会个人精神坚持下去也是伟大的“工匠精神”
【问题】为了实现我们的个人梦想，也是为了谱写伟大的“工匠精神”，我们应该如何做呢？引导学生小组讨论 【板书】如何实现我的“工匠精神”	【回答】团队合作，让学生小组内讨论为了实现自己的“工匠精神”，应该如何做	通过小组讨论，解决核心问题三，想要实现自己的精神，想要谱写美妙的“工匠精神”，需要从身边的小事做起
【组织教学】组织学生写下自己对“工匠精神”的感悟，写好后朗读出来贴在白板的“匠心”上，要求实事求是，朗读一首小诗	学生在教师的引导下朗读诗歌	回归主题，拨动学生心弦

（此教学设计案例原始资料由深圳市高级中学刘运航老师提供）

三、项目式主题课程开发案例

本书第六章的开篇介绍了“以问题为导向的教学案例篇”的基本构成，其中主题课教学案例包括主题课教学设计案例、教学实录、项目式主题课程开发案例三部分。在此篇中我们将项目式主题课程开发案例作为独立的章节呈现，其目的是想突出以问题为导向的教学设计研究在项目式主题课程开发中的应用效果，真实地复盘以教师为主导、以学生为主体设计课程的全过程。这也是本书打开教与学的边界，构建多维互动课堂的创新性尝试。主题课教学设计以模式化和程序化的方式展现问题导向教学的操作过程，在项目式主题课程开发案例中能看到学生参与的动态过程，其以鲜活的活动参与、策划和执行为线索，真实、生动地记录了学生参与课程设计、教学实施的过程，这部分也是对项目式学习过程更微观的解析和展示。笔者将以主题课程的开发过程为例呈现以问题为导向的项目式学习的开展情况，体现了“以问题促探究，以活动做项目，以项目带团队，以团队创文化”的课程开发理念和模式。

本着“以问题促探究，以活动做项目，以项目带团队，以团队创文化”的课程开发理念，主题课程研发团队在设计课程的过程中将学习者纳入研发团队，他们以学术社团（创课社团）的形式参与到课程开发中。创课社团在课程开发中主要参与确定课程内容和开展实施的环节，课程内容的确定主要通过面向全校征集和招标的方式开展，相当于单次主题课程开发团队的海选和招募过程。每个主题课程的研发团队都是以班级为单位，通过层层选拔确定的，每个班级以开发主题课程为项目式学习的抓手，自主开发多样化的主题课程。

学习者以具体的主题活动为探究起点，以团队合作的方式完成学习项目，不仅实践了班级内部的小组合作学习，还在学习中完成了以问题为导向的跨班和跨界合作。主题课程的实施采用了大单元教学设计，打破了班级授课制的时间和空间局限，把完成一个学习项目作为一个学习周期，每个主题课程的完成周期通常需要3~4周，学生可以在教师的指导下，在本班或跨班、跨校选择不同的学习伙伴来完成学习项目，最终以项目成果展示的形式汇报学习结果。下面笔者以具体的主题课程的选题和实施案例来呈现研究过程。

“公益环保”主题学习项目开发案例

“公益环保”主题课程设计大赛策划方案

一、活动背景

主题课程是学校校本课程的重要组成部分，是有别于传统德育的，以培养具有“高度社会责任感、坚强意志力、独特领袖情怀、广阔国际视野”的全球公民为目标的主题课程。为设计出适合学校学生终身发展的优质主题课程，学校成立了课程研究中心，组建专业的研发团队开发主题课程。通过前期的需求调研和课程实施反馈调查，校课程研究中心获得了学生、家长、教师多方的宝贵建议，在此基础上将不断优化课程研发流程，真正让同学们、家长朋友们、全校教职工参与到课程设计和实施中来，打造具有学校独特文化标志的主题课程。从本学期开始，中心将陆续搭建出供全校师生及家长朋友积极参与主题课程设计的平台。首先组建的是“学生课程调研反馈社团”，此社团最先参与到主题课程的实施反馈活动中来，对本学期的主题课程实施效果进行了科学、有效的调查和反馈，为德育研究中心提供了宝贵的调查资料。后续将以此社团为核心，组建“学生课程调研反馈社团”“学生课程设计社团”“学生课程杂志社团”等与主题研究相关的学生社团。相信学生在参与课程设计活动中一定能找到适合自己的社团。

二、活动项目名称

“公益环保”主题课程设计大赛活动。

三、活动主题

关注就是支持，传播就是参与，行动就是改变。

四、活动参与对象

高一全体学生。

五、活动组织方

课程研究中心。

六、活动地点

社团活动室。

七、活动时间和项目

活动时间和项目明细

活动时间		活动项目
第6周	3月17—21日	观看视频导引、查阅资料、组队（每队人数一般不超过6人）、讨论、选题、进行关于公益课程的设计
第7周—第8周	3月24日—4月1日	以班级为单位，进行课题方案设计的初选，遴选两个班级优秀方案作为课程方案设计竞赛作品的备选
第8周	4月3—4日	每班的主题课程调研反馈社员将优秀的课程设计方案和班级公益课程设计登记表交至老师处
第9周	4月7—11日	课程研究中心的老师对40部作品进行筛选，选出20～30部作品，参加决赛，并对决赛选手做赛前培训
第10周	4月14—15日	4月14日下午主题课，（1）～（10）班开展课程设计方案竞赛活动；4月15日下午主题课，（11）～（20）班开展课程设计方案竞赛活动

八、课程设计要求

1. 课程设计方案围绕活动主题展开，紧扣“公益”二字，可以围绕环保公益课程设计目标（见附件3环保公益课程目标）其中一个项目展开具体内容的设计，可以围绕环保公益课程设计指引（见附件4环保公益课程指引）其中两个问题设计课程，也可以选择心理健康、社区服务等公益。每部作品的具体上课时间（课时）不少于15分钟。

2. 课程设计方案应该包括课程名称、课程目标、课时、课程内容简介、课程资源、教学过程设计（包括活动、师生行为及设计意图）以及课程展示所需的文字材料、图片、视频、演示文稿等。课程设计方案模板参见附件1。

九、大赛奖励说明

1. 奖项设置：最佳创新奖1名，最佳团队奖1个，优秀作品一、二、三等奖若干名，优秀导师奖若干个。

奖项明细表

奖项设置	人数/个数
最佳创新奖	1名
一等奖	1名
二等奖	2名
三等奖	3名
最佳团队奖	1个
优秀导师奖	若干

2. 奖品设置：获奖的团队和个人将获得校长签名与刻有自己团队或个人名字的主题徽章和别具意义的奖品，并获得公益课程课时验证。

3. 获得最佳创新奖和优秀作品一等奖的团队，其作品在各个班级实施。如果授课的效果反响好，可以将其设计的课程编入主题教材。

十、评委团

由学生处的老师、课程研究中心的老师、课程调研反馈社团组成。

十一、附件

1. 附件1：课程设计方案模板
2. 附件2：课程设计方案竞标规则
3. 附件3：环保公益课程设计目标
4. 附件4：环保公益课程设计指引
5. 附件5：竞赛活动流程图
6. 附件6：参赛作品评分表
7. 附件7：班级公益课程设计登记表
8. 附件8：公益课程创新设计大赛徽章设计

附件1：

课程设计方案模板

课程设计组长：______ 指导教师：______ 成员：______

课程主题		
课程目标		
课时（15、30、45分钟等）		
课程资源 （如参考资料、视频等）		
课程内容介绍		
教学过程设计		
话题与情境	师生行为	设计意图
【活动1】		
【活动2】		
…		

附件2：

课程设计方案竞标规则

1. 展示环节：每个小组制作一个PPT，展示课程内容设计方案，展示时间限定在8分钟内。

2. 问答环节：展示过程完毕，评委可以针对课程设计方案的任一环节或细节进行提问，小组团队须做详细解答。

3. 评分环节：问答环节结束，评委老师依据《课程设计方案评分表》对各小组方案打分和投票，评出各奖项并宣布中标方案。

4. 方案实施环节：中标方案经修改后在高一年级实施。

附件3：

环保公益课程设计目标

1. 举例说明发达国家的环保措施，分析我国现阶段的环境问题，能够意识到环境问题的严重性，并对其提出合理性的建议。

2. 举出环保公益的事例，反思自身环保的积极性，讨论影响环保行动的因素，养成良好的环保行为习惯。

3. 知道环境公益诉讼，能够对一起环境公益诉讼案件表明自己的观点，初步建立用法律手段维护公民环境权的意识。

4. 举例说明环境污染给地区经济发展带来的损失，对经济增长和环境保护之间的关系进行讨论，初步形成人口、经济、社会、环境与资源的协调和可持续发展观。

附件4：

环保公益课程设计指引

1. 主题：雾霾来袭，我们曾想做些什么？

2. 背景材料（选择国内外相关雾霾主题的材料）

3. 设计问题框架：

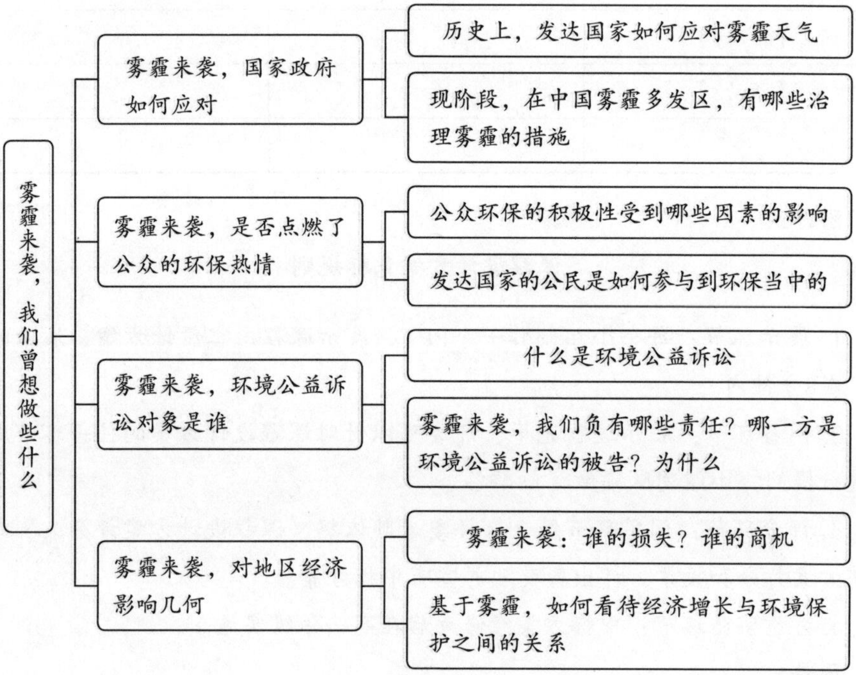

设计问题框架

附件5：

竞赛活动流程图

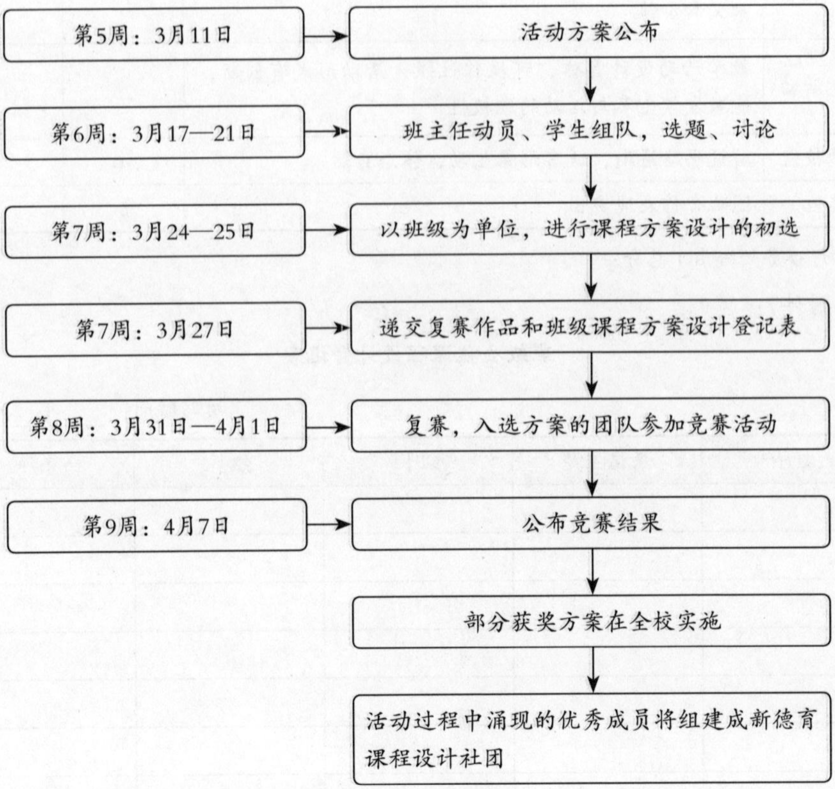

竞赛活动流程图

附件6：

参赛作品评分表

参赛作品：______　参赛序号：______

评价指标	评价标准	项目分值	项目评分
课程主题	主题新颖，能激发学生兴趣	5	
课程目标	课程目标明确、可量化、符合实际	5	
设计意图	设计意图清晰、逻辑性强，与课程目标相吻合	20	
课时	课时安排合理，与课程内容匹配	5	
课程资源	课程资源丰富多样，综合多种媒体的优势	10	

续 表

评价指标	评价标准	项目分值	项目评分
课程内容	课程内容丰富，贴近学生生活，实用性强，具有现实意义和价值	15	
教学活动	教学活动设计具体、可操作性强；活动形式有创新，能激发学生参与活动的积极性	25	
展示技能	解说思路清晰，语言形象生动，体态自然	10	
其他	团队合作表现突出	5	

（请评委务必给出）总分：

附件7：

班级公益课程设计登记表

填写时间：____年__月__日

选题序号	课程主题	组长	组员	导师

附件8：

公益课程创新设计大赛徽章设计

徽章外围从细到粗渐变的线条诠释了新德育工作对学生的影响是由点到面、由细微到深远的，反映了新德育工作任重而道远。

放射性的线条象征着新德育的光芒。

整个奖章采用纯铜制造，外观大气、典雅，适合收藏。

中间的深圳市高级中学Logo有着极强的辨识度和极高的收藏价值。

“让每一个孩子思想发光，把每个人的智慧点亮”这句话完美地诠释了以问题为导向的教学设计研究的宗旨和理念。

大赛奖章设计效果图

“公益环保”主题课程学习成果汇编（节选）

创新公益项目名称：中学生心理健康

组长：王×宁　　　　　　　　　指导教师：高军

组员：王×宁、王×翰、吴×炜、孙×晟、罗×

班级：高一（2）班

参赛感想（主讲人提供）：不止于公益

主讲人：罗×

从班里的8个课题竞争到从班上脱颖而出再到年级参赛的资格，从周一临危受命开始准备课程的展示到周五利用课余时间制作完PPT和展示计划，在其过程中，组员们展示出的不只是对于公益的热爱和关心，更是互相帮助的团结。尤记得小组5个人在一间昏暗闷热的房间里围着一台旧笔记本电脑讨论着课程展示的流程，为了许多小细节的取舍而争执，过程中有遍布的困难，也有隐秘的乐趣。我们都希望在这次比赛中做到最好，也确实为之付出了汗水和努力。在比赛时，当我走到台上望向自己的班级，我看见小组的其他成员带着期待的眼神看着我们，紧张地握着拳头。这个景象更让我感觉到这次活动的意义重在公益却又不止于公益。即使结果不尽如人意，过程中的点点滴滴也让我们感受到了公益的感染、团结的力量和这次德育课程的目的。

指导教师的感言：

学生的组织能力和公益思想在这次德育课程中得到了提升。

参赛作品内容：

1. 设计灵感（想法由来或背景）

某中学学生因压力过大而轻生的事件。

2. 课程目标

（1）了解中学生因压力发生的事故并明白缓解压力的重要性。

（2）由教师引导并联系收集的调查问卷，使学生找出自己生活中压力的来源。

（3）在教师的帮助下由学生讨论和由教师直接告知，从而找到缓解压力的途径。

3. 具体实施方案

（1）从同龄人思考问题的角度出发，本着客观的态度，设计一套调查问卷在全年级发放，收集并统计整理出调查结果以供教师在备课时了解学生的压力状况或在课堂上引用。

（2）以客观真实的视角从身边同学找出高中生压力的主要来源，并以收集到的材料制成教学时使用的幻灯片。

（3）教师以聊天的口吻展开学生对于压力的讨论，并且学生在课前不能事先准备。讨论时的气氛可以轻松愉悦，尽量使每个学生都能吐露心扉，说出自己内心压抑的紧张和压力（但是要制止起哄的现象），这样，教师才能真正了解到学生的心理，本次活动的真正价值才能得以体现。

（4）在制作幻灯片之前，我们会结合问卷调查和同学反映的结果向学校心理咨询室的老师咨询相关的解决办法。这些解决办法会成为教学时给出学生释放压力的办法的主体部分，与此同时，课程也需要教师备好课，凭借自己充足的人生经验来帮助学生解决心理问题。

创新公益项目名称：网瘾

组长：李×

组员：李×、欧阳×希、曾×耀、梁×辉

班级：高一（3）班

参赛感想（组长提供）：一样的成长

主讲人：李×

一个月前班上突然接到通知要进行公益课程大赛，大家都十分感兴趣，但却没人愿意当负责人，经过一番“你推我让”，我便莫名其妙地成了组长。既来之，则安之，那就好好干吧。

我们在选题的时候遇到了困难。大家各有各的想法，讨论十分激烈，激烈到差点吵起来。作为组长我也只好进行调解，为了大家意见一致，我甚至连自己的提案也放弃了。最终，经过一改再改，我们把课题定为与高中生关联度较大的“网瘾”。在这个过程中，我深深地体会到了做领导的不易和团结的重要性。

制作课件的过程就比较乌龙了。因为临近期中考试，加上指导的同学忘记提醒，我们都认为大赛是在期中之后进行，于是就先把这件事放在了一边，反而开始讨论该怎么去具体实施课题研究。到了比赛前一周，我们才得知比赛即将开始，只好仓促上阵，赶做课件。

由于付出不足，所以收获也不是很好，比赛结果虽不尽如人意，但也在意料之中。但是不得不说，作为一个活动，结果不尽如人意并不意味着这个过程中我们没有成长。我们收集并研究了大量资料，还拜访了相关的专家，甚至还进行了心得讨论——虽然从比赛的角度来说我们确实是跑偏了题，但是我们也确实有所收获、有所成长。

对于本次活动，我们全组都十分喜欢，也希望这个活动可以带给今后的学弟学妹们更多的成长。

参赛作品内容：

设计灵感

对于当代中学生来说，网瘾已经成为一个严重的问题，我们希望找出网瘾形成的原因并通过我们的研究帮助更多的人。

课程目标

对网瘾的形成过程进行研究，并对网瘾的治疗进行研究和探讨。

具体实施方案

第一课时：观看相关影片，邀请专家来讲学，并给各个小组布置好课下任务。

第二课时：完成任务后大家进行推理与探讨，并对整个活动进行总结。

创新公益项目名称：中国养老与福利

组长：徐×轩　　　　　　　　　　指导教师：程正科

组员：牛×川、肖×、周×越、曾×美、张×林

班级：高一（6）班

参赛感想（主讲人提供）：且行且珍惜

主讲人：徐×轩

人这一生，能一直带在身上并伴随自己一辈子的东西，大概就是经历了。我们在成长，一天一天变得更加强大，力所能及的事也越来越多，也体会到了责任的真正意义。这半个学期以来，我看着这个公益课程从萌芽到发展再到完善，油然而生的成就感，是怎么也掩藏不住了。我们小组同心协力，一点一滴，早已凝聚成了团队本该有的力量，在高中这个最美好的时光，绽放万丈光芒。一直嚷嚷着中国梦的我们，一直怀着颗爱国的赤子之心的我们，再也不只是说说而已。透过现象看本质，我们看到的是中国老龄化社会，我们看到的是养老院中眼神呆滞的老人们，而从他们的双眸中却折射出了真正需要被关注、被实现的中国梦。

作为主讲人参加这次比赛是对自己的一个挑战，但人生中有无数个挑战等待着我们，愿且行且珍惜。

参赛作品内容：

1. 设计灵感（想法由来或背景）

1999年，我国正式步入老龄化社会，老龄化问题严重。为此，各类民办、公办的敬老院便大量出现。然而，这些敬老院内却不断传出对老人不负责任甚至虐待老人的丑闻。于是，我们想借此次机会，通过与外国敬老院的比较，来探究我国养老与福利制度。

2. 课程目标

① 揭示我国养老与福利制度方面存在的问题；②尝试设计对应解决方案；③激发高中生对老人的同情心与责任感，鼓励其前往敬老院照顾老人。

3. 具体实施方案

我们将对部分敬老院进行实地走访并做问卷调查，寻找、发现其中的问题并进行归纳总结，上网查找对应资料，去图书馆阅览相关文献，然后摘录重点。归纳出的问题与摘录的重点将交予两人再次进行汇总。最后在相关老师的指导下设计解决方案。同时，我们会在各班进行宣传，呼吁同学们关爱老人，鼓励其前往敬老院看望、照顾老人，并关注我国的养老与福利制度。

创新公益项目名称：爱的写照——公益系列微电影

组长：郑×玥　　　　　　　　　　指导教师：叶歆、林乐鑫

组员：林×、田×龙、陶×宇、廖×恩、邝×聪、彭×滨

班级：高一（7）班

参赛感想（主讲人提供）：爱的写照——公益系列微电影

主讲人：林×、田×龙

这次的比赛，最开心的是拿到了一等奖和最佳团队奖，所以很感谢组长的辛苦组织、组员的辛苦付出以及老师的耐心指导，感谢这个有爱的团队！让我再一次明白了团队之所以能够成功，与每一个队员的不懈付出、一致的团队精神是分不开的，在以后的生活里，不管身处哪一个团队，我都会提醒自己：众人拾柴火焰高，只有团结每一个人的力量方能成功。

指导教师感言：很高兴郑×玥小组能够大胆地提出微电影这种新颖而有感染力的公益宣传方式，相信领导和同学们对他们的肯定与支持，一定可以让公益活动的宣传走出"深高人"自己的特色！

参赛作品内容：

1. 设计灵感（想法由来或背景）

新兴的媒体宣传形式——微电影，能够在短时间内传达出深刻的内涵，且易于拍摄，非常受欢迎。

2. 课程目标

让20个班拍摄一系列微电影进行公益宣传。

3. 具体实施方案

实施方案明细

方案设计		
话题与情境	师生行为	设计意图
【活动1】	每个班抽签决定课程主题。播放我们小组拍摄的宣传片、与课程主题有关的公益视频、拍摄电影的教学视频。每个班需给同学们分配好任务（1课时）	让同学们了解我们设计的德育课程和自己的任务，并且宣传了公益
【活动2】	每个班级分配到同一任务的同学开始讨论。比如，编剧组讨论剧本，导演组讨论如何拍摄（1~2课时）	同学们设计自己的电影，提高了他们对公益的热情
【活动3】	开始进行拍摄（2~4课时）	激发了同学们对公益的热情。特别是扮演“被公益人群”的同学，更能直观地感受到这些人群所需要的帮助
【活动4】	进行后期处理（1~2课时）	完成同学们拍摄的公益微电影。后期组的同学在观看所拍摄的素材时也会对公益很有感触
【活动5】	评比各班公益微电影的名次。在阶梯教室宣布获奖班级并颁奖，然后播放获奖班级拍摄的微电影。由获奖班级派代表发表获奖感言。最后由年级长总结（建议前三名的班级的所有同学可以有4~8学时的奖励，并奖励奖状）（名次由德育老师、各班班主任和年级长评比）（1课时）	比赛和奖励可以大大激发同学们对这个课程的认真程度，从而对公益更加了解，也更加感兴趣、有热情
【活动6】	由学校统一发布到学校官网和其他播放视频的网站，如优酷网（0课时）	吸引社会的关注，进行公益宣传
设计意图	我们设计的公益主题非常广泛，有关爱失独老人、关爱孤儿、保护濒危动物、宣传募捐、保护文化遗产等。希望能够通过这种方式，同学们自主思考公益的意义，使公益深入人心。这种方式也能提高同学们的创新性，更能促进同学之间的友谊与默契，也能让同学们感受到拍电影的不易。我们小组还认为，通过这种方式宣传公益，能更加有趣、吸引社会的关注，更有影响力，从而达到公益宣传的目的	

创新公益项目名称：孤独患者——关爱自闭症儿童

组长：王× 指导教师：叶歆

组员：宋×仪、张×妍、陈×敏、周×睿、周×峰、陈×、孙×

班级：高一（7）班

题目：孤独患者——关爱自闭症儿童

主讲人：周×峰

参赛感想：

这次活动使我受益匪浅，不单是团队方面，更有心灵上的旅行，从开始组建团队、选择课题、收集素材，到初赛在班级里展示，再到决赛的表演，蓦然回首，我发现我所走过的路有我们团队的陪伴，我并不孤单。但是，我们的公益项目是关于一群特殊儿童——自闭症孩子。从收集来的各式各样的资料中，我从对这些孩子一无所知到渐渐了解，从不理解到内心深处的同情，自我拷问，不得不说，这次活动使我的心灵受到了深深的触动，我渐渐懂得了，原来，在我们的身边还有这一群像星星一样的孩子，在他们幻想的“遥远”距离闪烁着，活在他们特有的安静的世界里。尽管他们对我们的世界“充耳不闻”，但我们要将他们融入这个大世界，让他们不再孤独！

指导教师的感言：王×小组关爱自闭症儿童的公益宣传，可谓动之以情、晓之以理！虽然他们带给我们的是陌生的世界，但他们就在我们身边。不排斥、不歧视，让我们一起关注自闭症儿童！

参赛作品内容：

1. 设计灵感

参加了童梓社的自闭症儿童义卖画展活动，对这群孩子产生了同情。

2. 课程目标

（1）知识与技能：介绍一群生活在边缘的人——自闭症患者，让同学们了解自闭症的病因、临床表现等；传播和介绍与“关爱自闭症儿童”有关的公益活动。

（2）过程与方法：通过情境模拟，让同学们从自闭症患者的视角来观察和感受周遭的世界。通过扮演和模拟自闭症患者，让同学们体验自闭症患者的感受和孤独。

（3）情感态度与价值观

通过让同学们了解这群“孤独者”，呼吁同学们关爱和体谅弱势群体，培养同学们的博爱精神，展现人性的光辉。

3. 具体实施方案

实施方案明细

【活动1】	介绍自闭症的病因，临床表现，观看《关爱自闭症儿童，传递温馨关爱》
【活动2】	情境模拟：当周围原本和谐的环境，突然间变得嘈杂，而你却格格不入的情境。或是回想一下孤独感的瞬间，并试着将孤独感放大、延长。观看《咖啡馆里的自闭症者》
【活动3】	扮演自闭症患者，切身想象周围人的想法与举动，观看*Autism*
【活动4】	他人的行动：观看《星星的世界》 壹基金“蓝色行动” 蓝天社寻找“来自星星的你”
【活动5】	在学校举办一次义卖画展

创新公益项目名称：关注农民工子女的心理健康

组长：刘×妮　　　　　　　　　　指导教师：陆正文

组员：谢×涵、张×岳、熊×南、陈×莹、谢×林、唐×雯、陈×如

班级：高一（10）班

主讲人：谢×林、陈×如

参赛感想（组长提供）：心灵的呼唤

这是一个来自我们心底的声音，呼吁着人们对社会底层的关爱。

——题记

从开始到初赛、决赛再到整个活动结束，历时三四周，这期间，我见证了小组成员对这次活动的用心和为这次活动付出的努力。

拿到这个题目时，我们就开始热烈讨论如何选题才新颖，过程中有些组员对整个框架并不了解，甚至有理解误区，认为只是做一个公益或环保课程而不是设计一堂课。不过，经过反复的讨论和修改，最后大家还是讨论决定选用农民工子女这个题材，然后就是课程设计。既然是一堂课，那么就不能只是单调的PPT，所以小组成员想到用视频的方式来诠释这个主题。取材就在学校，拍

摄工具就是手机，演员就是同学，既不专业也没有人指导，可是大家的热情并没有减弱，期望用自己的热情给大家制作出最有意义的幻灯片。

尽管因为我们选人上的失误和PPT的制作问题，作品只拿了三等奖，但对我们来说，这不仅仅是一次课程设计，更彰显了团队力量，所以我们并没有感到沮丧。

这次活动的准备过程中同学们的协作，让我们认识到了团体的力量，更让我们与社会问题紧密联系，从我们心底里发出的声音，一定会更加洪亮。

参赛作品内容：

1. 设计灵感（想法由来或背景）

当今社会人们对农民工子女的关心极少，对于留守儿童，人们更多地关注他们的经济问题，却忽略了他们的心理问题。此现象引发了我们的感触。

2. 课程目标

（1）开展农民工子女心理关注问题讨论会。

（2）激发社会对此问题的关注。

（3）促进各班形成讨论小组，讨论方案（比如：如何引起社会的关注）。

3. 具体实施方案

讨论会：

（1）各班内部选举一个小组参加讨论会。

（2）对比，选出具体方案。

（3）后续工作策划。

引起关注：

（1）举行发传单、义卖等活动引起关注。

（2）制作视频上传到网上，引起社会关注。

（3）在微博、微信上传播。

形成小组：

各班感兴趣的同学可组成讨论小组，策划各种活动连接社会与农民工，甚至可以组成社团（义工社），将活动进行下去。

同时，另有问题欢迎大家补充。

创新公益项目名称：为空巢老人点亮一盏灯

组长：冼×仪　　　　　　　　　指导教师：冷亚梅

组员：周×霖、邓×睿、陈×、祝×妍、江×雯、刘×洋、李×

班级：高一（12）班

题目：为空巢老人点亮一盏灯

主讲人：周×霖、李×

参赛感想：

我们这个课题的引入是因为组长在假期的时候去敬老院看望老人，使她的心灵受到了很大的触动，所以我们就想借此机会来帮助一下社会上的老人。我们从参加这个活动以来就没有说要冲着哪个名次去，只是想把我们这一份公益心带给大家，让大家能够了解到我国空巢老人问题的严重性，以及对孝敬和尊重长辈有更深层次的认识。

我们获得了“特别感动奖”，这也正是我们这次主题最想达到的效果，希望能够触动大家的心灵，让大家参与到关爱老人的行动中来。在制作幻灯片的时候，发现那些老人沧桑的面容，令人为之动容。我很久都没有感受到这种团队的力量，每个人都各尽其职，做到自己应该做的，让课题能够顺利地进行下去，而不耽误很多的时间。我们的主讲人、组长和亲爱的班主任也注入了许多的心血，她们不断地修改着我们的幻灯片，尽量让它达到最完美的效果，让台下的同学们能够感受到一种震撼人心的冲击；她们不断地练习朗读声音，希望可以通过自己温婉细腻的声音感动在场的人；还有负责资料收集的同学，她们利用课余时间，到网上搜索各种资料，全面展示社会现状。

不管主讲人在台上最终讲得如何，大家的心又被触动了多少，我只想说，我们尽了自己的一份力，让大家感受到公益的力量，感受到团队的力量。同时很感谢学校设计这样一个课题，给予我们这样一个锻炼的机会，也希望学校能认真考虑我们的计划，将为社会服务的一份爱传递下去。

参赛作品内容：

1. 做一次关于同学们家中老人情况的调查。

2. 呼吁同学们做力所能及之事帮助社区的老人。

3. 计划联合义工联建立一个网站，为深圳市高级中学学子创建与空巢老人交流的平台。

4. 设计灵感（想法由来或背景）。

组长在寒假去敬老院服务的经历打动了我们。

5. 具体实施方案。

（1）为空巢老人点亮一盏灯调查表。

由同学们填写：

你知道父母生日的确切日期吗？

□是 □否

你有在父母生日时说过祝福的话吗？

□是 □否

你知道父母的工作时间与休息时间吗？

□是 □否

你有主动为父母承担一点家务吗？

□是 □否

你觉得自己是否是一个孝顺的孩子呢？

□是 □否

由父母填写：

您家老人年龄段？

□60岁以下 □60~70岁 □70~80岁 □80岁以上

您家老人有多少位？

□1位 □2位 □3位 □4位以及以上

您家老人经常待在家里还是出去？

□家里 □出去

您的年龄段？

□30岁以下 □30~40岁 □40~50岁

是否与老人一起居住？

□是 □否

若否，老人住哪？

□养老院 □老家 □其他

您多久看一次老人？

□1周 □1月 □1年

□1年以上 □想起来才去

您多久主动联系一次老人？

□1周　　　□1月　　　□1年

□1年以上　　　□想起来才联系

您是否觉得老人需要义工的陪伴？

□是　　　□否

您觉得义工需要给老人做什么？

____

____

____

____

____

____

（2）创建一个网站，通过微信、微博的传播，使更多人了解到这个网站，再让一些外出工作者把老人的信息如年龄、生活习惯等添加进去，我们联系义工先做一个考察，如果情况属实，再让我们的同学过去帮助老人。若学校允许，希望可以成为一个周期性的活动，每个月去看望老人一次，每一批学生都到高二截止，再传给下一届高一。

创新公益项目名称：公益诉讼法庭

组长：宋×晨　　　指导教师：王辉

组员：任×逸

班级：高一（17）班

参赛感想：

宋×晨：这次的公益课程大赛让我真正意识到灵感与现实的交点是如何难以寻找。

在当今社会，无论是炒作还是真心，公益的话题早已屡见不鲜，成了人们茶余饭后闲聊的热点，也让我不禁想凑些热闹，为宣传公益事业贡献出自己的一份力量。于是，在上个学期的研究性学习中，我就组织了一次当下人们对于公益基金的了解及成立学生公益基金组织可行性的社会调查。本想在本学期尝试建立一个学生基金组织的运行机制，可谁承想一切被打乱，从头开始……于是又一次等待机会，展示我的公益想法。

终于，我等到了这次公益课程设计大赛，也终于站在舞台上展示自己的风采。

感慨总结如下。

1. 自己对结果并不是特别满意，感觉并没有太大效果，没有获得实施的机会。

2. 讲的时候准备得不够充分，没能使整个展示生动有趣，没有将同学们的积极性调动起来。

3. 将公益与法庭结合起来确实有一定困难，总是难以把握住两边的侧重，既要介绍公益诉讼，又要介绍模拟法庭，5分钟确实有些捉襟见肘，但自己对时间的把握不够准确，也使后面关于模拟法庭的介绍没有充分的展示时间。

4. 用年级长来打比方确实有些失礼，我深深地感到抱歉，感觉场上气氛实在难以调动才出此下策。

5. 收获很多，也让自己对于公益诉讼和法庭了解得更多了，个人能力也有了较大的提升，以后有机会我会尽量再来！

任×逸：这次活动虽然成绩不甚理想，但是收获颇丰，增长了我的见识与学识，提升了我的能力。

我们小组的组长是我的同桌。当他告诉我他的课题时，我吃了一惊，毕竟这个领域是我甚少涉及的——法律。自从他提到他有过类似的活动经验时，我也就下定决心，跟着他干！

当然，这个过程并不顺利。首先，相关资料少，非常少，可利用的资源十分有限。所以在查找资料的过程中，我们费了极大的心思去归纳、去总结。然后就是课件。课件是我们共同完成的（主要是他，我负责细节）。制作标题时我们就开始犹豫不决，最终方案也不甚理想，算是一个遗憾吧。做课件的同时我们也在过流程，所以用了不少时间。可即使是这样，我们还是觉得时间不够（跟效率也有一定的关系）。所以，我们抓住一切可利用的时间去练习，去演示。

终于，激动人心的时刻到了。迈上讲台的一瞬间，我感受到了前所未有的激动与惶恐。但是，我相信我的组长，相信他一定能讲好！其实，他还对我“有所保留”——那个年级长与吴主任的例子。听到的瞬间，我和在场的同学们一样，顿时忍俊不禁。从效果来说还是不错的！整体基本上在掌控之中，算是顺利地完成了吧！

都是时间惹的祸，否则我们能组织出更加流畅、更加生动的语言，去拉近与听众和评委的距离，让本来枯燥的课题不再枯燥，让原本不生动的课题变得生动。但我们也不能全部归咎于时间，自身也有许多不足需要改正。

这次活动我收获了很多，也锻炼了自己。我会继续努力，不断积累经验，完善自己。

参赛作品内容：

（1）设计灵感：关于模拟法庭的想法早已在我脑海中扎下深根。这个灵感来源于两个要素：第一，模拟法庭最初是源于初中学校的一次模拟法庭活动，我很荣幸地担纲导演之职，因而对于整个流程及过程中可能发生的问题都有一定经验，并且清楚地知道这个活动看似枯燥，但在学生中开展其实是可行的，在真正参与时，大家还是愿意去演、去展开辩论的。同时也可以让更多人参与其中，而并不是单纯地作为观众，也因此能让更多人投入公益，在“玩”中学到公益常识。所以，当我一看到推荐材料上关于公益诉讼的条目时，便自然而然地联想到了模拟法庭的形式。第二，模拟法庭在国内的高中极其罕见，在一些大学可以捕捉到它的孤影。但在国外的高中，它已成了校园文化的代表，如在英、美等国家，是否拥有模拟法庭甚至可以说是衡量一所学校是否具有为社会培养标准化、高素质人才意识的标准，甚至美国的大学申请都十分看重学生在中学时期是否参与过模拟法庭。模拟法庭是一个从学生时代起就能培养法律意识的重要活动，而作为深圳乃至中国的知名学校，高级中学没有模拟法庭实属遗憾。本想创立相关研究型社团，但鉴于已创立古典音乐社在先，抽不出时间管理，于是我便想通过这个活动，希望大家能够了解模拟法庭，同时促进公益意识。

（2）课程目标：第一，在各班中开展公益诉讼现状探寻。第二，寻找公益诉讼模式。第三，设计情境，全班分为两方。第四，自己分组分工设计法庭方案（包括证据，所支持的双方，如何辩论等）。第五，开展模拟法庭。

（3）具体实施方案：第一，走班宣传。第二，留下流程资料，让各班分别组织。第三，突击探班某一班级。第四，随机询问一些同学有哪些需改进的地方并总结。

四、学科课教学设计案例

相对于主题课而言，学科课教学设计在问题分类方面有所不同，其中“聚焦认知问题”具体化为“聚焦学科认知问题”，“创设情境问题”具体化为“创设教学情境问题”。从教学实施的角度看，为平衡学科教学进度和考试测评，学科课的学习方式采用了课内小组合作学习方式，而对于周期较长的项目式学习，主要运用在校本课程中。

历史课“中国民族资本主义的曲折发展”教学设计

一、分级分类设计教学问题

（一）锁定育人问题

《普通高中历史课程标准（2017年版）》要求学生“了解民国时期民族工业曲折发展的主要史实，探讨影响中国资本主义发展的主要因素”，高考考试大纲要求教师在教学过程中渗透和落实历史学科核心素养的培养（唯物史观、时空观念、历史解释、史料实证、家国情怀），问题导向教学法要求教师以问题为导向，通过合作探究，引导学生用跨学科知识、思维和方法来解决问题。

引导学生从近代中国民族资本主义发展的风雨历程中感悟近代民族工业创业之艰辛，感受民族企业家所表现出的勇于担当、自强不息、实业救国的爱国主义精神，明白民族工业要想健康发展则民族必须独立、国家必须统一这一道理。

引导学生了解近代中国不同历史阶段民族工业的发展状况，理解影响中国民族资本主义发展的主要因素。通过漫画、广告、政府文件、经济统计数据、史学专著等史料的研读和数据分析，培养时空观念、史料实证和历史解释的历史学科核心素养；通过小组合作探究、阅读演讲，从不同学科的角度思考问题，实现思维的碰撞和多维互动；通过理解影响企业发展的因素，由远及近，思考当今社会中国企业的发展问题，提高解决现实问题的能力。

（二）聚焦学科认知问题

1. 近代中国民族资本主义曲折发展的状况和原因。（基础知识）

2. 如何通过史料研读，运用跨学科方法，培养历史学科核心素养？（思维与能力）

3. 如何理解企业兴衰与国家强弱之间的关系？（价值观与人文素养）

（三）创设教学情境问题

情境问题1：近代中国民族资本主义在不同历史阶段的发展状况如何？

情境问题2：近代中国民族资本主义曲折发展的原因是什么？

情境问题3：如何通过史料研读，运用跨学科方法，培养历史学科核心素养？（无须分解，渗透于教学过程）

二、教学问题的解决过程

（一）设计问题，导入教学

【情境设置】油画：《第二次鸦片战争》

引出问题：第二次鸦片战争之后，中华民族危机进一步加深，你认为可以通过哪些途径救亡图存？

活动探究：学生进入历史情境，讨论、思考救国的实现途径。（如革命救国、改革救国、教育救国、实业救国等）

呈现成果："实业救国"之路——《中国民族资本主义的曲折发展》。

设计意图：回归时代背景，从第二次鸦片战争后中华民族危机的加深中，引发学生的思想共鸣，引导学生思考切实可行的救国之路，从而引出成果"实业救国"之路——《中国民族资本主义的曲折发展》。

（二）教学情境问题解决过程

情境问题1：近代中国民族资本主义在不同历史阶段的发展状况如何？

引出问题：假如你们是第二次鸦片战争结束后，奉行"实业救国"的近代中国民族资本家，现提供每个小组100万元的创业基金，你们会选择创办经营什么企业？为什么？

活动探究：小组讨论将要选择创办的企业，并绘制企业名片，企业名片必须包含以下信息：企业名称、所属行业、选址城市、首投资金。

呈现成果：学习小组推举一名代表进行企业宣讲。

设计意图：历史是过去的事情，学生要了解和认识历史，需要了解、感受、体会历史的真实境况和当时人们面临的实际问题，进而才能去理解历史和解释历史。因此，教学过程中教师要设法创设历史情境，引领学生展开学习活动，探究历史。通过创设情境，学生从历史的旁观者转变为历史的参与者，以企业家的身份，运用跨学科的知识分析当前的社会环境，论证创办企业的可行性，做出正确决策，同时在企业宣讲中训练演讲能力。

相关明细表

引出问题	教学形式	活动探究	设计意图
1.甲午中日战争后，中国民族资本主义企业发展有哪些有利因素	合作探究 史料研习 阅读演讲	学生通过研析漫画、广告、文字、统计数据等史料，小组合作研究，以近代中国民族企业家的身份，思考近代中国民族资本主义不同阶段的发展状况及其原因	以问题引领作为开展教学的切入点，设计以史料研习为基础的学生探究活动。学生在史料研习中，通过时空的定位发展时空观念、通过史料的解读提升史料实证的能力、通过问题解决促进对历史的理解，提高历史解释的能力，从而全方位提升历史学科核心素养
2.辛亥革命到“一战”期间，中国民族资本主义企业的发展有哪些有利因素			
3.南京国民政府成立前10年，中国民族资本主义企业的发展有哪些有利因素			
4.全面抗战时期，为什么中国民族资本主义企业遭到沉重打击			
5.抗战胜利后，中国民族资本主义企业复苏的曙光出现了吗？为什么			

情境问题2：近代中国民族资本主义曲折发展的原因是什么？

引出问题：影响近代中国民族资本主义曲折发展的因素有哪些？（提示：从推动和阻碍两个角度思考）

活动探究：在全方面分析和理解近代中国民族资本主义在不同阶段的发展状况及其原因的基础上，进行小组合作探究，从推动和阻碍两个方面分析、提取与总结影响近代中国民族资本主义曲折发展的因素。

呈现成果：小组代表汇报学习成果。

设计意图：引导学生在全方位理解历史现象的基础上，由现象到本质，深入透析现象背后所反映的不同时代的政治、经济和文化的特点，提升学生的历史解释和历史理解能力。本课以近代中国民族企业家的视角为切入点，以中国民族企业的发展历程为线索，通过创设历史情境，引导学生以主人翁的身份回归历史，在创办和经营企业的过程中，感悟和理解中国民族资本主义的曲折发展。在学生感悟和理解的过程中，通过多媒体提供漫画、广告、历史典籍、政府法令和文件、经济统计数据等多元化的史料，引导学生通过小组合作探究，开展史料研读，综合运用历史学、政治学、经济学、地理学、数学等跨学科知识，解读近代中国民族企业在发展中面临的诸多问题，从而提升学生的历史学科核心素养，落实问题导向教学法中的合作探究、阅读演讲、多维互动、敢于批判等课堂教学原则。课程标准强调教师必须引导学生在问题解决之中提升历史学科核心素养。因此，只有通过以学生为主体的活动，在做中学，进行自主学习、合作学习、探究学习，在认识历史的过程中联系和运用知识，掌握探究历史的方法和技能，逐步学会全面、发展、辩证、客观地看待和论证历史问题，才能使学生的核心素养得以提升和发展。

情境问题3：如何通过史料研读，运用跨学科方法，培养历史学科核心素养？

引出问题：近代中国民族资本家的“实业救国”道路行得通吗？为什么？中国民族企业的健康发展，最根本的前提是什么？

活动探究：在前面合作探究的基础上，透过历史现象看本质，思考影响近代中国民族资本主义曲折发展的最根本因素，从而反思“实业救国”道路的可行性，并思考中国民族企业健康发展的最根本前提。

呈现成果：小组代表汇报小组合作学习成果。

设计意图：引导学生在深入历史之后跳出历史，直面历史现象背后的历史本质，理解只有国家独立和民族解放，中国民族企业才能实现真正的健康发展，从而感悟企业的兴衰与国家强弱的关系，达到情感上的升华，感受近代中国民族企业家所表现出的勇于担当、自强不息、敢于斗争的爱国主义精神。

引出问题：在国家富强、经济腾飞的今天，我国企业的发展就一帆风顺了吗？面对经济全球化的浪潮，我国企业面临着诸多挑战，我们该如何应对？（可从国家、政府、企业、社会、民众等角度思考）

活动探究：课后，以小组为单位，收集资料，以小论文的形式分析当前中国企业面临的机遇和挑战，并提出有建设性的应对措施。

呈现成果：每个学习小组提交小论文。

设计意图：学习历史不仅是为了还原历史，更重要的是要以史为鉴，指导未来。近代倡导“实业救国”，今日倡导“实业强国”，如何吸取近代中国民族企业曲折发展的经验和教训，指导现代中国企业健康发展，从历史回归现实，解决现实问题，这才是学习历史的应有之义。

（此教学设计案例原始材料由深圳市高级中学劳锐老师提供）

政治课“面对经济全球化”教案设计案例

一、分级分类设计教学问题

（一）锁定育人问题

经济全球化既是全球范围内配置资源的具体表现，又是我国积极参与国际竞争与合作的时代背景。对本课内容的学习，能够更好地开阔学生的全球视野，培养学生的开放、责任、创新等意识。

（二）聚焦学科认知问题

1. 引导学生践行富强、民主、文明、和谐、自由、平等、公正、法治、爱国、敬业、诚信、友善的社会主义核心价值观，对中国特色社会主义发展道路的认同，形成道路自信。

2. 培养学生树立法治意识、科学精神和政治认同的学科素养。

3. 引导学生理解经济全球化的实质，反思经济全球化的利弊。

4. 培养学生用开放的思维和国际视野，去思考应对经济全球化的态度、措施。

5. 通过观看国际新闻（全英语），引导学生用英文表达全球化的现状和未来，培养学生的国际视野和开放意识，促进学生演讲、阅读能力的提升。（英语学科）

6. 学生通过画画去理解和表达经济全球化中的一些理论问题，培养学生解决问题和探究问题的能力。（美术学科）

7. 通过分析经济全球化过程中发达国家和发展中国家利益分配不均的数据，去理解经济全球化所造成的贫富差距问题，培养学生探究问题的能力。（数学学科）

（二）创设教学情境问题

1. 经济全球化的表现有哪些？经济全球化的定义可以用哪些核心词表达？（如商品全球流动、资本全球流动、各种要素全球流动等）

2. 通过苹果公司的成长实例去思考：发达资本主义国家在全球化过程中是如何获利的？可以用哪些核心词表达经济全球化的实质？（如资金优势、技术优势、主导规则）

3. 经济全球化的利弊是什么？

4. 面对经济全球化所遇到的困难，我们应该持怎样的态度？可以有针对性地采取什么措施？

二、教学问题的解决过程

（一）设计问题，导入教学

一场没有硝烟的战争引起了全球的广泛关注，想必大家都有听说，就是中美贸易大战。外交部传来贸易战谈判的结果，会是怎样的结果呢？请大家观看视频。

引出问题：同学们，为什么中美两国联合发表声明停止贸易战，是全世界人民的福音？

活动探究：学生自由发言。

呈现成果：面对经济全球化。

（二）教学情境问题解决过程

情境问题1：经济全球化的表现有哪些？经济全球化的定义可以用哪些核心词表达？（如商品全球流动、资本全球流动、各种要素全球流动等）

（1）引出问题：通过阅读苹果公司全球化扩张的案例，总结出苹果公司经济全球化的表现，并归纳经济全球化的定义。可以用哪些核心词表达？

提到经济全球化就不得不提苹果公司，因为就在2018年3月召开的中国发展高层论坛上，商务部副部长兼国际贸易谈判副代表王受文在谈及贸易便利化时提到最大的受益者就是苹果公司。究竟为什么苹果公司会是最大的受益者呢？我们一起走进苹果公司，阅读材料。

（2）活动探究：教师发放卡纸，第一小组围绕案例讨论出苹果公司经济全球化的表现，并归纳经济全球化的定义，用画图的方式把讨论结果展示在卡纸上。

（3）呈现成果：学生对经济全球化的表现和定义有了初步的理解，培养锁定育人问题材料、探究合作和表达能力。

情境问题2：通过苹果公司的成长实例去思考：发达资本主义国家在全球化过程中是如何获利的？可以用哪些核心词表达？

（1）引出问题：苹果公司为什么要把手机的生产放在多个国家？在经济全球化过程中，中国的比较优势在哪里？

同学们，苹果公司把它的手机生产放在了全球多个国家，最终制造出让全球惊艳的科技产品。那么，为什么苹果公司要这样做？

（2）活动探究：教师发放卡纸，第二小组围绕案例开展讨论，并用画图或者文字形成自己的讨论结果。

（3）呈现成果：引导学生理解经济全球化过程中发达国家利用各国的优势为自己服务，以最低成本生产出最好的产品，培养锁定育人问题和表达能力。

（4）引出问题：经济全球化过程中，跨国公司使得资本、商品、劳务等要素实现自由有序流动，请你归纳出跨国公司的定义，并给大家介绍一家跨国公司。

（5）活动探究：教师发放卡纸，第三小组围绕案例开展讨论，并用画图或者文字形成自己的讨论结果。

（6）呈现成果：引导学生理解跨国公司是经济全球化的载体，发达国家在全球拥有大部分的跨国公司，培养锁定育人问题和表达能力。

（7）引出问题：通过苹果公司的成长实例去思考：发达资本主义国家在全球化过程中是如何获利的？可以用哪些核心词归纳经济全球化的实质？

（8）活动探究：教师发放卡纸，第四小组围绕案例开展讨论，并用画图或者文字形成自己的讨论结果。

（9）呈现成果：引导学生理解经济全球化的实质，培养锁定育人问题、解决问题和表达能力。

情境问题3：经济全球化的利弊是什么？

引出问题：在反思经济全球化的过程中，出现两种观点：一种观点认为经济全球化是福音、是鲜花；另一种观点认为经济全球化是陷阱、是祸水；请大家通过小组讨论，去反思出现这两种观点的原因。

活动探究：学生通过举行小型辩论赛反思经济全球化的利弊。

呈现成果：引导学生反思并理解经济全球化存在的利弊，培养学生树立唯物辩证的思维、表达和演讲能力，从而落实科学精神、法治意识的学科素养。

情境问题4：面对经济全球化所遇到的困难，我们应该持怎样的态度？可以有针对性地采取什么措施？

（1）引出问题：面对逆全球化思潮的抬头，假如你是国家领导人，如何运用智慧和勇气应对经济全球化？

在经济全球化深入发展的今天，面对逆全球化思潮的抬头，各国都在寻求应对经济全球化的方案，习近平总书记在2017年世界达沃斯经济论坛上的讲话受到了世界各国的普遍认可，那么他到底说了什么呢？请同学们观看视频。（此视频为国外主流媒体的全英文报道视频，播放视频后教师与学生进行英文交流，引导学生用国际视野去思考问题）

（2）活动探究：通过小组讨论去思考作为国家领导人，应该如何运用我们的智慧和勇气应对经济全球化？

（3）呈现成果：引导学生思考应对经济全球化的态度和措施，培养学生的国际视野，树立政治认同，提高锁定育人问题和表达能力。

（4）引出问题：经济全球化深入发展势不可当，请你根据视频内容及自己的理解，用一句话或一个词（或者英语）描述一下你想象中的经济全球化将会是怎样的全球化。

（5）活动探究：小组讨论，展开想象，用英语描述未来的经济全球化。

（6）呈现成果：引导学生用发展的眼光看待经济全球化，培养学生树立开放意识、规则意识，用国际视野去看待经济全球化。

教学小结：

在本节课的教学过程中，教师通过问题导向教学法的运用，学生在问题的引领下开展小组研究和讨论，并通过上台展示和小组辩论锻炼学生的阅读、演讲与探究问题的能力。整堂课环节层层递进，并引导学生用美术、英语等学科知识解决本学科的相关问题，开阔学生的全球视野，提高学生的综合素质和能力。

（此教学设计案例原始材料由深圳市高级中学刘岭老师提供）

物理课“传感器及其原理”教学设计案例

一、分级分类设计教学问题

（一）锁定育人问题

以问题为导向教学法的教学设计模型为指导，注重落实物理课程对“立德树人”的根本任务，切实将物理学科核心素养的培养贯穿在物理课程的设计和实施中。本课程在设计过程中以问题为导向，运用多种手段和方法，结合课程主题，引导学生由“知识学习”到“素养提升”的转变，培养深圳市高级中学学子的创新和创造能力。

本课题选自《物理》（选修3–2，人民教育出版社，2017）第六章的内容。《普通高中物理课程标准（2017年版）》将本章内容列为二级主题，集中体现了课程标准对科学、技术与社会相互关系的关注。选取这样一个具有时代气息的内容主要有三个方面的考虑：一是传感器已经应用到现代生产和生活的诸多方面，成为进行测量和控制不可缺少的元器件；二是这种现代技术产品是基于许多物理原理设计的，可以很好地将它们联系起来，使学生对于科学与技术的关系有更全面和深入的体会；三是传感器的应用在促进现代社会的发展中起到了重要的作用。

根据本章教学内容在教材中的地位和对学生思维培养的作用，可从以下三个方面来聚焦问题。

第一，就学科知识与核心素养方面，以传感器这种产品为主线，通过观察一些现象和常见的事例，初步形成传感器的概念，感受传感器技术在信息时代的作用与意义。通过实验知道常见传感器的性能，了解传感器的工作原理，感悟基础知识学习和应用的重要性，知道非电学量转换成电学量的技术意义。

第二，就核心价值观方面，引导锁定育人问题生活实例，深化对传感器的认识，进而运用传感器组装一些电路，将物理知识运用于解决生活中的实际问题，培养问题解决、技术应用的核心素养。通过问题导向教学法的运用，让学生体验从“听老师讲”到“自主学习”的转变。

第三，就跨学科思维方面，通过分析实例，认识传感器在工作过程中起到了怎样的作用，并对这些传感器的功能进行说明。在这一过程中，让学生感受物理学科与通用技术学科、化学学科、生物学科是有密切联系的。

（二）聚焦学科认知问题

1. 理解什么是传感器。此问题的解决主要培养学生的阅读概括能力。

2. 知道常用传感器的工作原理。此核心问题的解决，第一，培养学生认识和分析实际问题的能力，提高学生的物理学科素养；第二，让学生感受现代科学与技术的飞速发展，体会物理知识在技术中的应用；第三，培养学生的演讲能力。

3. 传感器的实验。根据教学需要将第三个核心问题分解为：第一，小组合作设计一个能实现某一功能的电路。第二，运用电子元器件组装电路。此问题的解决，主要培养学生设计实验，组装和调试电子电路，培养学生解决问题的学科素养。第三，小组上台展示，培养学生的领袖情怀、演讲能力和质疑精神。

二、教学问题的解决过程

（一）设计问题，导入教学

通过情境活动引入课题。让学生通过活动，提取本课堂的核心问题。此设计的目的在于培养学生在已知信息中提取问题的能力，让学生从生活情境中聚焦需要解决的问题，最终学生清楚地表述出第一个核心问题。引领问题："在刚才的视频中，大家观察到了哪些现象？"（学生思考并回答）

（二）情境问题解决过程

情境问题1：理解什么是传感器。

引出问题：通过让学生阅读课本，从课本上提取相关信息，总结出传感器的一般概念，能举出生活中使用传感器的实例（如手机摄像头、扩音话筒、遥控器和温度控制器等），让学生进行回答。

活动探究：在引出问题环节，教师提问："请大家阅读课本，结合你所了解到的信息，描述什么是传感器？"引领学生进行思考。

呈现成果：教师进一步提问："请大家分析一下，智能手机中都使用了哪些传感器？"（找学生来回答）

情境问题2：知道常见传感器的工作原理。

引出问题："请各小组通过实验、讨论交流的方式，研究老师为大家准备的传感器。"

活动探究：在这一环节，学生能通过查阅资料、小组讨论的方式发现某一传感器的工作原理，并通过小组代表介绍该传感器的工作原理。

呈现成果：这一活动是想让学生把已掌握的知识和规律在头脑中提炼与升华，让学生从物理学的角度来发现问题和认识问题，培养学生建立物理概念的核心素养。

情境问题3：传感器的实验。

引出问题：如何设计电路？

活动探究：运用已有的知识和教师准备的实验器材设计一个能实现某一功能的电路。为了解决这个问题，采用小组合作探究方式，并将电路图画出来。由于学生的知识储备有限，教师在巡视时要了解、分析学生存在困惑的原因，帮助他们学会设计电路。

呈现成果：在这里将学生分成六个小组，每个小组设计不同的电路。这个过程要求学生观察思考、推理论证、合作探究、创新创造，最后达成统一意见。在这项活动中主要是培养学生“科学思维”和“科学探究”的核心素养。

引出问题：如何组装并调试电路。

活动探究：根据自己小组设计的电路，使用已有的电子元器件组装并调试电路。

呈现成果：派小组代表介绍并展示自己小组所设计电路的功能。让小组代表将自己的探究过程与同学们进行分享，并向大家介绍自己设计的电路的功能。通过这项活动旨在培养学生“科学态度与责任”的核心素养。

（此教学设计案例原始材料由深圳市高级中学陈强老师提供）

生物课“DNA重组技术”教学设计案例

一、分级分类设计教学问题

（一）锁定育人问题

依据以问题为导向的教学设计模型来设计本节课，从认知的角度，让学生从基本的事实性知识入手学习，理解DNA技术的操作原理，如PCR、凝胶电泳、DNA指纹技术、DNA测序、基因克隆和动植物克隆过程。引导学生对生活实例进行分析，深化学生对DNA技术在生活中的应用，实现将理论知识回归到实际应用，培养学生问题解决、技术应用的核心素养。通过对基因重组过程的探究，使学生能够认识到DNA工具的种类和在其中的作用，并通过模拟实验，培养学生运用正确的工具解决问题的能力，进而培养学生勇于探索的核心素养。联系生活实际，让学生感受到基因工程技术对社会、生活、道德和法律所产生的巨大影响，通过辩论，让学生体会到技术进步的双面性，只有在合理的框架内去运用，才能符合全人类的价值观念，以提高学生的生物学科素养。

（二）聚焦学科认知问题

1. 知道各种DNA技术的操作原理。

2. 掌握基因重组技术的过程。

3. 能辩证地看待基因工程技术对社会伦理和法律的影响。

（三）创设情境教学问题

1. 掌握各种DNA技术的操作流程以及每一步的作用。

2. 理解技术背后所运用的原理。

3. 掌握基因工程所用到的各种工具。

4. 掌握构建重组质粒的原理。

5. 掌握基因工程技术的全套流程。

6. 掌握基因工程技术对环境和社会造成的潜在影响。

7. 如何科学合理地利用这一技术为全人类造福。

二、教学问题的解决过程

（一）设计问题，导入教学

课堂活动：模拟选择育种实验。

预期目标：学生通过模拟实验，理解选择育种方法的局限性，从而引出课题目标。

课堂效果：学生气氛活跃，均能体会到利用选择育种的方法获得想要的性状是一件费时费力的事情，并且仅限于同一物种之间，于是提出问题：有没有更加高效的办法，可以突破物种之间的障碍，获得所需要的性状？

（二）情境问题解决过程

情境问题1：知道各种DNA技术的操作原理。

引出问题：

（1）凝胶电泳依据什么把DNA片段分离开？

（2）PCR一次循环包含哪三步？为什么不用一般的DNA聚合酶而用Taq聚合酶？

（3）如何看懂DNA图谱？

活动探究：播放相关技术视频。

呈现成果：学生掌握DNA各项技术的原理和操作步骤，并知道它们在实际操作中的意义。

情境问题2：掌握基因重组技术的过程。

引出问题：

（1）DNA重组技术运用到哪些工具？这些工具源自何处？

（2）如何构建一个重组质粒？

（3）如何筛选出成功转化的细菌？

活动探究：学生分小组完成重组DNA分子的模拟实验。

呈现成果：成功完成模拟实验，深刻理解重组DNA分子的过程。

情境问题3：能辩证地看待基因工程技术对社会伦理与法律的影响。

引出问题：

(1) 转基因生物和转基因食品对环境和社会造成什么样的影响？

(2) 如何科学合理地使用这一技术为人类造福？

活动探究：学生分小组，就转基因话题举行辩论比赛。

呈现成果：在辩论中体会转基因的利弊，培养学生正确看待科学技术的运用。

引出问题：利用DNA技术可以解决社会生活当中的哪些问题？

(1) 如何进行亲子鉴定？

(2) 如何鉴别种子的真假？

(3) 如何鉴定谋杀案的凶手？

(4) 如何利用转基因技术解决环境问题和提高农作物产量？

活动探究：作为学习小组课外学习项目。

呈现成果：希望学生通过几个简单的生活场景，思考问题，解决问题。然后通过本节课的学习，利用所学知识，在重新思考引入时能有更深刻的认识。

地理课"农业的区位选择——以我国柑橘种植业为例"教学设计案例

一、分级分类设计教学问题

(一) 锁定育人问题

本节课选自人教版必修二第三章第一节，主要落实课程标准中"分析农业区位因素"的内容。在人教版的教材体系中，这部分内容是学生学习地理学"区位论"的首发之地，对农业地域类型、工业区位、交通区位的学习具有奠定基础的作用。本节课内容与地理学的性质——综合性、区域性——密切相关，能较好地反映地理学科特色，增强学生对地理学的理解，学会用地理的视角认识农业活动。具体而言，该内容帮助学生从自然和社会经济两个方面，从多角度综合分析农业的区位因素，理解农业生产的基本原则——因地制宜，同时让学生感悟地理学的综合性、区域性特征，最终培养学生的综合思维、区域认知和人地协调观等地理核心素养。结合理科班学生的学业水平要求、教学内容结构与进度，本节课的能力要求主要是了解、感悟、理解、说明和简要分析。根据以上思路，从以下几个维度设计育人问题。

1. 课程标准与学科核心素养

（1）根据材料，简要分析农业区位选择的自然和社会经济因素。（区域认知、综合思维）

（2）从时空综合的角度，说明区位因素变化对某区域农业生产布局的影响。（区域认知、综合思维）

（3）运用因地制宜的原则，简要分析某区域内农业活动的合理性。（区域认知、人地协调观）

2. 跨学科思维

（1）运用史料，说明历史时期的农业生产布局。

（2）结合事物普遍联系和永恒运动的观点，理解农业区位选择及其变化。

3. 社会主义核心价值观与人文素养

（1）了解我国地理环境的差异性，感悟因地制宜对国家发展战略的重要性，增强爱国情感。

（2）增强对深圳自然和社会经济概况的了解，培养乡土意识和地方认同感。

（二）聚焦学科认知问题

结合核心素养培养的要求和分析农业区位因素这一内容标准的特点，本节课适宜选择学生相对熟悉的农产品——柑橘——的生产活动，围绕“区位因素—区位因素变化—区位选择”的思路进行。根据以上思路，本节课以我国柑橘种植业的区位选择为例，提炼三个核心问题。

1. 柑橘适宜在我国哪些地区种植？

2. 柑橘为什么能在哈尔滨成功种植？

3. 深圳是否适合发展柑橘采摘休闲农业？

（三）创设教学情境问题

1. 柑橘生长需要什么自然条件？

2. 我国哪些地方具备这些条件？

3. 什么因素促使北大荒农业现代园开展柑橘种植试验？

4. 什么因素为柑橘在哈尔滨的成功种植提供了保障？

5. 柑橘种植业的区位分析方法是否有普遍性？

6. 柑橘区位选择的扩大说明农业区位有什么特征？

二、教学问题的解决过程

解决过程明细表

<table>
<tr><th>学科认知问题</th><th>教学形式</th><th>引出问题</th><th>活动探究</th><th>呈现成果</th></tr>
<tr><td>柑橘适宜在我国哪些地区种植？（3分钟）</td><td>朗读问答</td><td>引入“南橘北枳”的历史典故，指出橘与枳是不同物种。根据材料，能解读出什么地理现象？提出什么地理问题</td><td>朗诵并解读“南橘北枳”的历史典故。理解初步判断柑橘适宜生长的区域，并形成问题</td><td>培养跨学科思维,利用史料帮助学生初步感知农业区位，并引出问题</td></tr>
<tr><th>教学情境问题</th><th>教学形式</th><th>引出问题</th><th>活动探究</th><th>呈现成果</th></tr>
<tr><td>1.柑橘生长需要什么自然条件？
2.我国哪些地方具备这些条件？
（小组讨论3分钟，展示点评4分钟，共7分钟）</td><td>小组合作探究</td><td>提问：探索柑橘适合在哪里种植，应该遵循怎样的思路</td><td>阅读材料，归纳柑橘生长所需要的自然条件。判断我国哪些区域具备柑橘生长的自然条件，并在空白图中标注出来。一个小组进行展示，其他小组点评</td><td>帮助学生体会农业生产与自然地理环境之间的紧密联系。理解农业区位的概念和自然区位因素。通过了解我国地理环境的差异，培养区域认知素养，增强爱国情感</td></tr>
<tr><td colspan="5">小结：根据柑橘的生长习性，为种植和生产选择合适的地理位置，这个过程称为“农业区位选择”。包括两层含义：农业活动选取的地理位置（在哪里），农业活动与地理环境各要素之间的联系（为什么在这里）。农业区位选择的过程中，地理环境各要素就称为“农业区位因素”（1分钟）</td></tr>
<tr><th>学科认知问题</th><th>教学形式</th><th>引出问题</th><th>活动探究</th><th>呈现成果</th></tr>
<tr><td>柑橘为什么能在哈尔滨成功种植？（2分钟）</td><td>讲授问答</td><td>简要介绍哈尔滨香坊区北大荒现代农业园成功种植柑橘的情况，请学生提出值得探究的地理问题</td><td>了解哈尔滨香坊区北大荒现代农业园成功种植柑橘的现象，并提出问题</td><td>引起学生的认知冲突，激发学习兴趣，引出问题</td></tr>
</table>

续 表

教学情境问题	教学形式	引出问题	活动探究	呈现成果
1.什么因素促使北大荒农业现代园开展柑橘种植试验? 2.什么因素为柑橘在哈尔滨的成功种植提供了保障? （小组讨论4分钟，汇报点评4分钟，共8分钟）	小组合作探究	可以从诱发和保障两个角度进行分析	阅读材料，分析哈尔滨成功种植柑橘的原因，一个小组进行汇报，其他小组进行点评、补充	帮助学生理解农业区位选择的社会经济因素，培养多要素综合和区域认知素养
3.柑橘区位选择的扩大说明农业区位有什么特征？（3分钟）	问答小结	柑橘种植的区位选择由南方地区扩展到北方甚至是东北地区，说明农业区位选择和区位因素有何特征	小组讨论，说明农业区位选择和区位因素会随时间而变化	帮助学生理解农业区位选择和区位因素会随时间而变化，理解农业区位选择是时空综合的结果。初步体会事物的普遍联系和永恒运动
小结：农业的区位选择需要考虑不同区域自然和社会经济因素的差异，还需要从时间的角度把握区位因素变化对区位选择的影响（1分钟）				对农业区位选择进行概括性理解
教学情境问题	教学形式	引出问题	活动探究	呈现成果
柑橘种植业的区位分析方法是否有普遍性？（2分钟）	问答	如果换成水稻种植，是否可以运用这种分析思路？农业区位选择都可以遵循这一方法	思考并回应问题	帮助学生理解农业区位分析方法的普适性
深圳是否适合发展柑橘采摘休闲农业？（10分钟）	小组讨论1分钟演讲	根据自然条件，深圳是否适合种植柑橘？深圳是否有柑橘采摘的休闲农业？如果你是坪山区石井村的农民，租赁一块15.2万m^2平坦的农田（距福田区37.4km），为实现更高的收入，你是否愿意发展柑橘采摘休闲农业	小组讨论，进行1分钟演讲	通过讨论和演讲，运用农业区位分析方法解决现实问题。在任务中培养综合思维、区域认知和人地协调观，培养乡土意识和地方认同感
总结：本节课我们以柑橘种植为例，学习农业区位的选择。请大家进行回顾，总结出进行农业区位选择需要遵循什么原则或方法（2分钟）				帮助学生理解因地制宜和人地协调思想

三、拓展应用（课后作业）

选择某种农业活动（水稻、荔枝、乳牛养殖等），确定其在某一区域（全球、我国、南方地区、广东省等）内的区位选择，并分析其区位因素。

提示：

农业活动：种植业（水稻、荔枝、蔬菜、花卉等）、畜牧业（家畜、家禽）、林业（杉木、竹子等）、渔业。

区域：全球、我国、南方地区、广东省等。

作业形式：科普短文、思维导图、地图、表格、小短片等。

（此教学设计案例原始材料由深圳市高级中学杨嘉聪老师提供）

化学课“亚铁盐和铁盐”教学设计案例

一、分级分类设计教学问题

（一）锁定育人问题

1. 教材分析

“亚铁盐和铁盐”为鲁科版必修第一册第三章第一节第一课时内容，安排在研究物质的性质和方法、物质的量等相关的物理量、离子反应和氧化还原反应的内容学习之后。前序已学习过有关金属钠和非金属氯气的性质，但主要围绕帮助学生建立研究物质性质的方法和程序模型展开，并未对元素及化合物体系进行系统探究。铁元素及其化合物作为对人体生命健康和实际生产生活均具有重要意义的物质，是在学习一系列研究物质性质的方法和工具后，实际意义上第一种系统学习和探究的元素及其化合物，是学生真正学以致用，将模型概念和基础知识（研究物质性质的方法和程序、离子反应、氧化还原反应）落到实处的重要素材，要求学生具备探究物质性质的能力和素养。本节内容对学生基础知识的要求不高，但包含了学生必做实验“亚铁盐和铁盐的性质”，对学生设计和开展实验探究的能力提出了较高的要求，包括设计合理实验方案、观察分析实验现象、推断正确实验结论、解释表征实验本质的能力。通过学科知识铁元素及其化合物的学习，使学生体会化学服务并密切联系于人类的生命、生活和生产活动，掌握了研究物质性质的学科方法，更加深刻地认识到化学学科价值。

2. 学情分析

学生初中阶段已学习了一些有关铁及其化合物的知识，接触了铁盐和亚铁盐。在前面的学习中，通过金属钠和非金属氯气的相关性质学习，掌握了研究物质性质的一般方法和程序，并且能利用物质的量等相关的物理量来量化分析化学反应。通过对物质的分类、离子反应和氧化还原反应的学习，初步建立了根据物质类别、元素化合价认识物质的观念，具备了运用离子反应和氧化还原反应原理分析问题的基本能力，但缺乏从两个角度系统全面分析物质的意识。在基本实验知识和操作技能方面，学生初步具备并能够在教师指导下完成实验，得到较直观的结论，但是分析实验现象、归纳实验方法、独立设计实验的能力尚显薄弱。通过创设特定的教学情境，引导学生动手实验，能激发学生的学习和探究兴趣，灵活掌握和应用知识。

3. 课标解读

内容要求：

（1）结合实验探究，了解亚铁盐和铁盐的主要性质及转化关系，建立物质类别观和元素价态观的思想，了解它们在生产、生活中的应用。

（2）结合实例认识铁及其化合物的多样性，了解通过化学反应可以探索物质性质、实现物质转化，认识物质及其转化在自然资源综合利用和环境保护中的重要价值。

（3）学习研究物质性质的核心思路与基本方法。理解从问题和假设出发确定研究目的、依据研究目的设计方案、基于证据进行分析和推理等对于科学探究的重要性。

学业要求：

（1）能依据物质类别和元素价态列举铁元素的典型代表物，能利用离子反应、氧化还原反应等概念对铁及其化合物的相关反应进行分类和分析说明。

（2）能列举、描述、辨识亚铁盐和铁盐的重要物理性质、化学性质及实验现象，能用化学方程式和离子方程式正确表征主要化学性质。

（3）能依据物质类别、元素价态的角度，预测亚铁盐及铁盐的化学性质和变化，设计实验进行初步验证，并能分析、解释有关实验现象。

学生在第二章学习中初步掌握了分别从物质类别和氧化还原两个角度认识与研究物质性质的方法，二者并未建立联系。在研究具体物质的性质过程中，需要发展学生从两个角度综合认知的能力，这是本节课的教学重点和学生学习过程的难点，为达成聚焦认知问题，实现学生核心素养的提升，主要聚焦以下问题。

（1）学习亚铁盐和铁盐的物理性质与化学性质，能够从物质类别和元素价态两种角度认识与研究元素化合物的转化关系，并建立认识模型，丰富研究物质的思路和方法。

（2）通过实验探究亚铁盐和铁盐的化学性质，能用离子方程式正确表示，建立性质、现象与应用之间的联系，形成证据意识。

（3）依据复分解反应和氧化还原反应原理，能从物质类别和元素价态的角度预测亚铁盐与铁盐的性质，并能设计实验初步验证。

（二）聚焦学科认知问题

1. 研究氯化铁性质的一般思路和基本程序是什么？

2. 如何从物质类别和元素价态两种角度认识并探究氯化铁的性质？

3. 如何自主设计实验探究方案，探究亚铁盐的性质？

（三）创设教学情境问题

1. 研究物质性质的基本方法和程序是什么？

2. 氯化铁的性质研究应如何开展？

3. 从物质的类别来看，氯化铁应具有哪些化学性质？如何设计实验探究？

4. 从铁元素的化合价来看，氯化铁应具有哪些化学性质？如何设计实验探究？

5. 参考研究铁盐性质的思路和方法，如何完成对亚铁盐性质的预测和相应试剂的选择？

6. 在铁盐和亚铁盐性质的实际探究过程中，根据实验现象能否得出预期结论？

二、教学问题的解决过程

（一）设计问题，导入教学

【新课引入】将硫氰酸钾溶液喷在用氯化铁溶液写字的白纸上，由于铁离子和硫氰酸根离子反应显血红色，能够看到纸上浮现“欢迎”二字。

引出问题：观察此小小“魔术”，其实与铁元素密切相关。通过图片的形式，展示铁元素在自然界、人体、生活和实验室中的多种存在形式。请学生列举所知道的铁及其化合物，思考如何研究物质的性质。

活动探究：学生观察显色现象并产生兴趣，回答所知的铁元素化合物。

呈现成果：铁元素在自然界、人体、生活和实验室中都广泛存在，此“魔术”就与铁元素密切相关。板书记录学生所述铁元素化合物，指出氯化铁和硫酸亚铁即本节课的研究对象，接下来将以氯化铁和硫酸亚铁为例，具体探究铁盐和亚铁盐的性质。

设计意图：与铁盐性质有关的趣味现象激发学生的学习兴趣，引入新课内容。通过学生的观察和思考，认识铁的多样性及其在生产生活中的应用，初步诊断、梳理学生关于铁元素化合物的认识，并明确学习任务。

（二）情境问题解决过程

情境问题1：研究物质性质的基本方法和程序是什么？

引出问题：从物质分类来看，氯化铁和硫酸亚铁均属于盐。其中，氯化铁是一种典型的铁盐，学生在初中阶段已有接触，比较熟悉，将以氯化铁为例研究铁盐的性质。那么，怎样系统研究一种物质的性质呢？研究物质性质的一般方法和基本程序是什么？

活动探究：学生回想金属钠和非金属氯气的学习过程，回顾研究物质性质的基本方法和程序。

呈现成果：通过前序学习已经知道，研究物质性质的基本程序包括：观察物质外部特征，预测物质的性质，实验和观察现象，解释并得出结论。这是研究物质性质的一般思路。

设计意图：学生牢固掌握前序学习知识——研究物质性质的基本方法和程序，对学生前序知识掌握情况进行诊断。由此引出后续开展铁盐和亚铁盐性质探究的知识工具，培养“证据推理与模型认知”的化学学科核心素养。

情境问题2：氯化铁的性质研究应如何开展？

引出问题：掌握了研究物质性质的一般性工具，以此为依据如何开展氯化铁的性质探究呢？

活动探究：思考并小组讨论，尝试将研究物质性质的知识工具迁移应用于氯化铁性质的探究中。小组代表发言，描述研究思路。

呈现成果：根据研究物质性质的基本程序和方法，首先我们会观察氯化铁溶液的外部特征。请学生观察氯化铁溶液并表述颜色。然后对物质的性质进行合理预测，由此选择相应的实验试剂设计实验方案。开展实验并观察、记录实验现象，解释现象，最终得出结论。若现象与预期相左，需重新做出合理预测，设计新的实验方案加以探究。

设计意图：诊断学生将所学知识工具迁移应用至具体研究实例的能力，引导学生把握研究氯化铁性质的基本思路和程序，从问题和假设出发确定研究目的，依据研究目的设计方案，基于证据进行分析和推理开展实际科学探究。

情境问题3：从物质的类别来看，氯化铁应具有哪些化学性质？如何设计实验探究？

引出问题：从物质分类上来看，氯化铁属于盐类。根据所学知识，推测氯化铁的性质有哪些？应选择哪些试剂设计实验方案加以验证呢？

活动探究：学生从物质分类角度，交流讨论氯化铁的性质，说出氯化铁作为盐能与碱反应，并选择氢氧化钠作为实验试剂，预测实验现象。小组合作开展探究，观察并记录实验现象，小组代表描述实验现象，得出结论，并且写出反应的离子方程式。

呈现成果：就板书的铁元素化合物提问：氯化铁如何转化为氢氧化铁？学生在初中阶段接触过氯化铁，已知道氯化铁可与碱反应。指出这里它表现出作为盐的通性，能与碱反应生成氢氧化物。因此，可选择对应的碱——氢氧化钠作为实验试剂对预测加以验证。由具体实施的实验现象与预期一致，证明氯化铁表现出盐的通性，可与碱发生反应。

设计意图：诊断学生对物质的分类知识的掌握情况，从氯化铁性质探究入手，引导学生体会研究物质性质的基本方法和程序，建立从物质类别这一角度分析物质性质的观念，并能合理选择实验试剂、设计实验对所做预测进行验证，能运用科学的思维方式预测并验证物质的性质，培养“科学探究与创新意识”的化学学科核心素养。通过离子方程式的书写，建立宏观现象与微观本质之间的联系，培养“宏观辨识与微观探析”的化学学科核心素养。通过现象与性质之间的联系，形成证据意识，培养“证据推理与模型认知”的化学学科核心素养。

情境问题4：从铁元素的化合价来看，氯化铁应具有哪些化学性质？如何设计实验探究？

引出问题：从刚学过的氧化还原反应角度，基于铁元素的化合价，可以推知氯化铁具有什么性质？应选择哪些试剂设计实验方案加以验证呢？

活动探究：学生从氧化还原角度分析氯化铁的性质。通过小组交流讨论，从所给试剂中找出合适的试剂，完成实验方案思路梳理。分小组开展实验探究，观察并记录实验现象，得出结论，能写出反应的离子方程式。

呈现成果：铁元素为+3价较高价态，因此氯化铁表现出氧化性，能与还原剂反应。学生找出还原剂后开展实验探究。根据现象说明所得结论，揭示反应本质。

设计意图：通过试剂选择，诊断学生对氧化还原知识的掌握情况，是否能正确辨别并了解常见的氧化剂和还原剂。发展学生基于证据分析推理的科学探究能力，对实验结果的反思和评价能力。体会研究物质性质的方法，建立预测和验证物质性质的模型，知道宏观现象的微观本质，培养“证据推理与模型认知”“宏观辨识与微观探析”的化学学科核心素养。

情境问题5：参考研究铁盐性质的思路和方法，如何完成对亚铁盐性质的预测和相应试剂的选择？

引出问题：基于研究物质性质的基本程序，以铁盐性质探究过程为参照，预测作为亚铁盐的硫酸亚铁具有哪些性质？实验方案应该如何设计？

活动探究：学生小组讨论，从物质类别和元素化合价两个角度预测硫酸亚铁的性质。选择合适的实验试剂，设计并形成书面探究方案。小组代表汇报实验方案，包括设计思路、预测性质和依据、所选试剂和预测现象，讨论交流。

呈现成果：从物质类别和元素化合价两个角度预测硫酸亚铁的性质，对于试剂的选择，尤其是氧化剂和还原剂的选择原因，对学生加以追问，予以诊断。

设计意图：发展学生提炼关键思想和方法、利用模型迁移应用的能力。根据实验方案表述的完整性和逻辑性，诊断学生对两个角度预测物质性质的方法把握情况；通过实验试剂的选择依据，进一步诊断学生对氧化还原知识的掌握情况，并加以强化和提升。

情境问题6：在铁盐和亚铁盐性质的实际探究过程中，根据实验现象能否得出预期结论？

引出问题：根据教师实验，与设计方案预期现象相比较是否相同？能否支持预期结论？

活动探究：学生观察教师实验，描述实验现象，分析、解释现象，得出结论。

呈现成果：教师根据学生设计的实验方案开展实验，主要探究硫酸亚铁的还原性，分别以酸性高锰酸钾溶液和氯水为试剂。硫酸亚铁与氯水的反应无明显现象，对此追问学生预测现象应如何？无现象可能无反应，可能反应但现象不明显。如何验证是否反应？这里补充知识支持信息，铁离子与铁氰酸钾反应显红色，引发学生思考无现象的原因。引导学生预测若反应发生，产物是什么？如何验证？向加入硫酸亚铁和氯水的试管中继续加入硫氰酸钾溶液，验证学生预测。

设计意图：引导学生对实验现象进行反思、分析，发展学生发现问题、分析并解决问题的能力，培养科学探究和创新能力。发展逻辑推理能力和实际科学探究思维，培养“证据推理与模型认知”的化学学科核心素养。

（三）归纳总结

呈现成果：回顾氯化铁和硫酸亚铁的性质探究过程，总结陌生物质性质的探究模型。基于开头学生说出的铁元素化合物，板书梳理同价态不同类别物质的转化、不同价态物质的转换。强化基于物质类别和元素价态两个角度研究物质性质的思路。

活动探究：反思回顾，归纳所得，建立研究物质性质的两个角度，巩固研究模型。

设计意图：基于不同类别和不同价态物质的转化关系，发展学生的变化观、转化观的核心化学观念，培养学生“变化观念与平衡思想”的化学学科核心素养。建立研究陌生物质性质的程序和思路，构建模型，初步形成“价”“类”二维视角，培养学生“证据推理与模型认知”的化学学科核心素养。

（四）迁移应用

【情境设置】氯化铁溶液在工业上被普遍用于制作印刷电路板。其方法是用氯化铁溶液作为“腐蚀液”，蚀刻铜质印刷电路板，从而获得期望的图案。

引出问题：氯化铁溶液腐蚀铜板的原理是什么？怎样实现亚铁离子的循环使用，即如何使亚铁离子重新转化为铁离子？

活动探究：思考并说明反应原理，两名同学板书相应的离子方程式（铁离子与铜的反应、亚铁离子与氯水的反应）。

设计意图：理论知识应用于实际情境，引导学生利用物质性质和转化关系解决实际问题，感受铁及其化合物对生产生活的重要价值，体会化学学科的社会价值。通过离子方程式的书写落实，培养学生“宏观辨识与微观探析”的化学学科核心素养。通过实验试剂的回收，建立环保的绿色化学观念，培养学生“科学精神与社会责任”的化学学科核心素养。

三、教学实践

本节课为鲁科版必修一第三章“物质的性质与转化”第一节“铁的多样性”（第一课时）内容，作为新课标高一化学示范课展示在全市直播，教学对象为高一（12）班学生。

（一）教学设计思路

本节课设计符合新课标“素养为本”的教学设计要求，通过铁盐相关的有趣现象引入课堂，激发学生的学习动机和兴趣，教学内容具有结构化特点。本节课教学重点和难点是学生能够掌握从物质类别和元素化合价两个角度认知与研究具体物质的性质，包含学生必做实验“亚铁盐和铁盐的性质”。实验探究是学生需要锻炼和掌握的技能，也是达成能力至关重要的工具。因此，基于新课标和核心素养的培养要求，本节课教学内容设计以实验探究为核心环节，承载了研究思路和方法的落实，同时具象地评价学生的目标能力是否达成。教学环节设计为：①以自然界、人体、生活中的铁元素引入，认识铁的多样性；②研究物质性质的方法引导；③氯化铁性质探究思路和学生实验；④学生自主设计亚铁盐性质探究实验方案，教师演示实验并讨论；⑤课堂总结，巩固提升；⑥迁移应用，落实方程式书写。在时间安排上，各环节设计比较合理，以实验探究和方案设计、展示环节为主。各环节之间逻辑关系比较清晰，能引导学生顺利完成实验探究和方法形成。

（二）教学过程实践

教学过程的第一个环节为认识铁的多样性，基于此，请学生说出所知的铁及其化合物，学生能够顺利地说出铁的氧化物、铁盐、亚铁盐、铁的氢氧化物。这些物质由教师板书，由此引出本节课的研究对象为氯化铁和硫酸亚铁。下一环节引出研究物质性质的基本程序，以氯化铁为基础，引导学生观察外观，并分别从物质类别和元素化合价角度预测氯化铁的性质。学生基于初中知识能够说出氯化铁作为盐，能与碱发生反应。基于之前学习的氧化还原知识，能够准确做出性质预测，并在呈现成果中说出能与还原剂发生反应。由此自然而然进入所给试剂中还原剂的区分。学生顺利且准确地找到还原剂，反映了之前氧化还原部分学习较扎实。第一个实验探究内容为学生根据所给方案，分小组开展实验。学生能够准确地描述实验现象，并能说出合理、较准确的结论。在铜试剂的选择上，学生并未产生铜与铁金属活动性的知识冲突，这反映了学生已形成从氧化还原视角审视物质的观念。基于氯化铁的研究思路，学生能够通过小组讨论，形成较完善、准确的亚铁盐性质探究方案，能从物质类别和元素价态两个角度预测亚铁盐的性质，并从所给试剂中选出合适的实验试剂，还能说出预期现象，这也说明学生把握研究思路、学以致用的能力较强。在教师的演示实验中，由氯水和硫酸亚铁的实验现象创造了小的认知冲突，经过补充铁离子的检验方法，学生能够快速给出这一实验的优化措施，并基于实验现象做出合理分析，得出正确结论。在课堂归纳总结中全班同学能够大声说出研究物质性质的两个角度，表明本节课的核心问题已得到良好解决。在最终的迁移应用中，学生能够将理论知识联系实际，并能正确落实两个重要反应的离子方程式，表明本节课的教学效果较好。

四、教学反思

（一）存在问题反思

1. 本节课容量较大，完成了两个实验探究，学习了一种方法，因此铁盐的探究部分由教师根据研究物质性质的基本程序直接给出具体探究步骤。可以对课程内容适当进行调整改进，使学生主动说出研究思路效果更好。

2. 运用教学语言不够凝练，语言感染力有待加强，个别环节语言不够流畅自然，需要勤加练习和精进。

（二）改进措施反思

1. 在教学环节设计上，第二环节以氯化铁为研究对象的方法引导时，可以增加学生的自主思考，由学生说出具体的研究思路，给出研究方案，完成实验探究。或可在课堂上以攻破难度更大的亚铁盐性质探究为主，缩减课堂内容，细化并丰富教学环节，难度稍低的铁盐性质探究可由学生课下自主完成思路梳理。

2. 在试剂选择上，进一步充分发挥试剂的诊断功能，如在氯化铁作为盐的通性检验时，可同时设置盐酸和氢氧化钠；在亚铁盐和铁盐的氧化性检验时，同时设置碘化钾，考查诊断学生对离子反应和氧化还原知识的掌握水平。

3. 提升教师自身的教学能力和素养，精进凝练教学语言，增强语言表达能力和感染力，营造生动活泼的课堂氛围。

经过本次课堂教学的开展和反思，尤其是反复磨课过程中，高一化学科组共同讨论，在教学环节设计和把控能力上有所提高，对教学语言凝练有了更深刻的认识。在今后的教学工作中，将以此次公开课为契机，关注自身教学能力的提升，在教学细节和效果上严格要求自己，力求更大进步。

（此教学设计案例原始材料由深圳市高级中学郭昭薇老师提供）

语文课《登高》教学设计案例

一、分级分类设计教学问题

（一）锁定育人问题

全国新课标考试说明要求古诗鉴赏考查鉴赏文学作品的形象、语言和表达技巧的能力，评价作品的思想内容和作者的观点态度的能力。《登高》是一首经典的写景抒情诗，杜甫通过对景物的描写，抒发了浓浓的家国情怀。诗人选取典型的景物，精心描绘景物的特点，情感自然流露。以这首诗为例，可以很好地培养锁定育人问题景物特点的能力，以及通过对景物的分析来赏析评价诗人的思想感情与观点态度的能力。通过对杜甫《登高》这首诗中景物特点、人物形象特点的鉴赏来培养学生的鉴赏评析能力；通过对杜甫家国情怀的探究培养学生的探究能力。因此本课锁定育人问题如下。

1. 培养学生鉴赏文学作品形象的能力。
2. 培养学生评价作品的思想内容和作者的观点态度的能力。
3. 通过对家国情怀的探究培养学生的探究能力。

（二）聚焦学科认知问题

1. 如何分析诗中形象（景物、人物）的特点？
2. 如何鉴赏评价诗人的思想感情和观点态度？
3. 如何传承传统文化形成正确的人生观和价值观？

（三）创设教学情境问题

1.《登高》这首诗中有哪些景物？这些景物有什么特点？
2. 如何分析景物特点？
3. 诗中抒情主人公形象有什么特点？
4. 如何分析人物形象的特点？
5. 杜甫在《登高》这首诗中抒发了怎样的思想情感？
6. 杜甫忧国忧民的内在原因是什么？

二、教学问题的解决过程

（一）设计问题，导入教学

PPT展示三幅秋景图，学生借此联想学过的《沁园春·长沙》，对比引出诗人因为情感不同，登高所写的秋天景色就会不同。

（二）情境问题解决过程

情境问题1：《登高》这首诗中有哪些景物？这些景物有什么特点？

引出问题：在首联、颔联里，诗人笔下的景物中最能打动你内心的是哪一个？为什么？

活动探究：学生小组讨论“最能打动你内心的景物”的含义和作用，小组选派代表发言。

呈现成果：学生合作探究，明确诗人从声音、动态、空间三个维度突出景物的特点。

情境问题2：如何分析景物特点？

引出问题：结合PPT显示的描写景物特点方法的例子，总结分析景物特点的方法。

活动探究：学生讨论例子，组间交流，选派代表总结分析景物特点的方法。

呈现成果：引导学生从对《登高》一首诗写景特点的鉴赏评价，上升到对其他写景诗写景特点的鉴赏评价。培养学生从具体到抽象的能力。

情境问题3：诗中抒情主人公形象有什么特点？

引出问题：颈联、末联中最触动你内心的人物形象是哪处？为什么？

活动探究：PPT补充与“鬓”“酒”两个意象有关的资料，学生依据补充的资料，合作讨论分析诗中抒情主人公形象的特点。

呈现成果：学生合作探究明确诗中抒情主人公的形象特点，明确诗人从外貌、心理、动作三个方面突出人物形象的特点。

情境问题4：如何分析人物形象的特点？

引出问题：结合PPT显示的描写人物形象特点方法的例子总结分析人物形象特点的方法。

活动探究：学生讨论例子，组间交流，选派代表总结分析人物形象特点的方法。

呈现成果：引导学生从对《登高》这首诗塑造人物形象特点的鉴赏评价，

上升到对其他诗中人物形象的鉴赏评价，培养学生从具体到抽象的能力。

情境问题5：杜甫在《登高》这首诗中抒发了怎样的思想情感？

引出问题：诗人借助形象（景物、人物）的特点抒发了怎样的思想感情？

活动探究：学生小组讨论，组间交流，选派代表明确方法。PPT补充王国维“一切景语皆情语”的相关评价。

呈现成果：学生通过合作探究明确诗人借景抒情和直抒胸臆所表达的思念家乡、忧国忧民之情。

情境问题6：杜甫忧国忧民的内在原因是什么？

引出问题：身处困境的杜甫为什么还会心系国家？

活动探究：学生集体回顾《茅屋为秋风所破歌》《春望》《登岳阳楼》。PPT补充杜甫的人生理想“致君尧舜上，再使风俗淳”。

呈现成果：学生小组讨论杜甫忧国忧民的内在原因，明确杜甫的家国情怀。

引出问题：同学们自选景物，创作一首写景抒情的七言律诗，来表达自己的家国情怀。

活动探究：学生分小组评价各自创作的诗，小组推荐，全班展示。

呈现成果：

（1）学以致用，培养学生写景抒情的表达能力。

（2）让学生深入理解家国情怀，养成正确的人生观和价值观。

（此教学设计案例原始材料由深圳市高级中学付淑博老师提供）

英语课*A Trip on “The True North”*教学设计案例

一、分级分类设计教学问题

（一）锁定育人问题

英语的学习过程通常被理解为词汇、句型的积累过程，因此传统英语课堂中往往容易只关注语言元素而忽略对语篇的理解与语言的运用。本课根据学生认知特点和学习发展需要，在进一步发展学生基本语言运用能力的同时，着重提高学生用英语获取信息、处理信息、分析和解决问题的能力。本课所学习的一篇游记记述了作者李黛予在加拿大的旅途见闻，文本信息量大、涉及面广，为学生提供了丰富的语言运用范本。根据2016《普通高中英语课程标准（征求意见稿）》，本节课锁定育人问题如下。

1. 培养学生学会学习的核心素养，批判性地审视语篇的内容、观点、情感态度和组织结构特征。

2. 引导学生参与社会的核心价值观，培养学生跨文化敏感性，领悟世界文化的多样性和丰富性，具有国际视野、爱国情怀和国家认同感。

3. 思维品质方面，分析、归纳文章内容，概括出加拿大旅游信息结构图。

4. 关注学生交流表达的核心素养，引导学生通过自主学习、合作学习，完成设计加拿大旅游线路的任务。

（二）聚焦学科认知问题

1. 分析、归纳文章内容，概括出加拿大旅游信息结构图。

2. 通过自主学习、合作学习，完成设计加拿大旅游线路的任务。

（三）创设教学情境问题

1. 你能找出课文中主人公的旅行路线吗？（包括途经地点）

2. 从课文中你可以找出哪些关于加拿大和其主要城市的信息？（加拿大概况、途经城市特点的归纳）

3. 作者从温哥华到卡尔加里的火车旅途花费两天时间意识到了加拿大的空旷，如果你是一家旅行公司的导游，你会如何更好地设计路线？

二、教学问题的解决过程

（一）设计问题，导入教学

如果要介绍加拿大，哪些方面可以被提及？（如地理位置、著名城市、名人逸事……）可是同学们对加拿大足够了解吗？哪些方面还不够了解？下面我们来看一段视频。

[视频：加拿大旅游局发布的宣传片*CANADA*（展示了加拿大的地理环境、国家特点和风景名胜）]

同学们，看完视频，你对加拿大的哪些方面还有疑问？什么疑问？请提出。

What did you learn about Canada from the video? What else do you want to know?

（自由发言，老师在黑板上写下学生想到的介绍加拿大可以涵盖的各个方面）

引导学生引出课题：如何介绍加拿大？How do you introduce Canada?

（二）情境问题解决过程

情境问题1：你能找出课文中主人公的旅行路线吗？（包括途经地点）Can you draw a line to show the route of their trip?

引出问题：作者乘坐什么交通工具在加拿大途经了哪几座城市？

活动探究：学生花3分钟时间快速浏览。

呈现成果：厘清文章脉络，对游记所介绍的加拿大有个整体框架的认识。

引出问题：你能在学案上画出主人公的旅游路线吗？

活动探究：引导学生开展小组讨论，画出路线图。

呈现成果：初步确定加拿大旅游线路图的框架，培养学生识别信息的能力。

情境问题2：从课文中你可以找出哪些关于加拿大和其主要城市的信息？（加拿大概况、途经城市特点的归纳）According to Li Daiyu and her friend, what are the basic facts about Canada and some of its cities?

引出问题：加拿大的概况是什么？What are the basic facts about Canada according to Li's friend Danny?

活动探究：小组讨论分析、归纳文章内容，概括出加拿大概况。

呈现成果：提取加拿大的基本信息。

引出问题：小组讨论分析、归纳文章内容，概括出作者途经城市的概况。

同学们，根据刚才我们总结出的介绍加拿大会涉及的各个方面，你们能找出文中提及这些方面时所用的词句吗？大家分组完成学案里的加拿大旅游结构图，看看哪个小组最先在黑板上写出关键信息。

活动探究：学生分六组分别完成六个部分信息的收集和归纳，完成黑板上的结构图；温哥华：【地理位置、气候、人口增长及其原因】；卡尔加里：【风土人情】；桑德湾：【自然资源】；多伦多：【旅游景点、文化特点】；蒙特利尔：【美食、文化特点】。

呈现成果：学生对加拿大的各个城市概况有了进一步了解，并且知道如何表达。锻炼归纳信息的能力，为学生自主介绍加拿大做准备。

情境问题3：作者从温哥华到卡尔加里的火车旅途花费两天时间意识到了加拿大的空旷，如果你是一家旅行公司的导游，你会如何更好地设计路线？

引出问题：你喜欢这条旅游路线吗？Do you like the design of the trip?

活动探究：引导学生对所归纳的旅游路线进行反思。

呈现成果：通过引导学生反思，提高学生归纳总结能力。

引出问题：这条路线有哪个地方你不太满意？The trip is not perfect, which part of the trip do you think can be improved?

通过前面的活动，我们了解到了作者李黛予是乘坐火车途经了一些城市以及驻足了一些城市。这条路线并不完美，你觉得哪里可以改进一下？为什么？

活动探究：自由发言。

呈现成果：引导学生批判性思维，引出最后的设计旅游路线任务。

引出问题：你能设计并表达符合顾客要求的加拿大旅行线路吗？

活动探究：每两个组为一位顾客设计线路，讨论后两组竞争，看其他小组更喜欢谁的设计。

呈现成果：能够利用文本中的信息和所给句式介绍加拿大的方方面面。

You're divided into FOUR pairs, each pair consists of 2 "travel agencies"（2 groups）that are competing for potential customer A/B/C/D:

Customer A: loves adventures and extreme sports

Customer B: enjoys beautiful scenery

Customer C: is only interested in tasty food

Customer D: wants to experience a different culture

You need to tell him/her:

1. at lease 1 destination to visit;

2. why this place;

3. how to travel（route, means of transport and need-to-know information）

设计表格解决生活中的一个问题（父母关系、同学友谊、学业压力、师生关系），并且写出认识过程。

参考（父母关系）：

小组活动：每两个旅行社导游为一位顾客设计线路，其他组选择他们喜欢的设计。

顾客A：喜欢冒险和挑战极限运动。

顾客B：对加拿大的自然风光十分向往。

顾客C：吃货，对各个地方的美食特别感兴趣。

顾客D：想要了解加拿大的多元文化。

要求：

1.线路至少包含一个目的地。

2. 介绍为什么游览这个地方。

3. 介绍具体的旅行线路（包括路线，所需交通路线和其他所需信息）。

（此教学设计案例原始材料由深圳市高级中学罗雯婷老师和刘琳老师提供）

数学课“正弦定理”教学设计案例

一、分级分类设计教学问题

（一）锁定育人问题

以践行“GLOBE教学法”落实学生发展核心素养为宗旨，以高考考纲要求为依据，引导学生学习正弦定理，锁定以下育人问题。

1. 高考考纲要求学生掌握正弦定理，并能解决一些简单的三角形度量问题，能够运用正弦定理等知识和方法解决一些与测量和几何计算有关的实际问题。高考试题考查形式为最后一个选择题或者第一个解答题，均为中等难度。

2. 让学生从已有知识经验出发，由特殊到一般、从定性到定量发现正弦定理，培养学生合情推理探索数学规律的数学思考能力。

3. 通过尝试定理的证明，学生领悟分类讨论和化归与转化的数学思想。

4. 在正弦定理的运用过程中，培养学生的总结概括能力、解决难题的意志力以及实际应用能力。

5. 通过萨德系统视频的引入，提出“萨德系统能否探测到深圳”这一问题，构建数学模型，运用新知识解决这一问题，提升学生数学建模素养。

6. 由直角三角形到斜三角形，证明正弦定理，并通过合情推理证明正弦定理比值为$2R$，提升学生逻辑推理素养。

7. 通过对三角形形状的改变以及正弦定理中字母的可变性，理解正弦定理本质特征，更好地运用定理解决问题，提升学生数学抽象素养。

（二）聚焦学科认知问题

1. 掌握正弦定理的证明和思维方法。

2. 熟悉正弦定理的变形形式，掌握正弦定理的简单应用，解决“已知三角形的任意两个角与一边，求其他边和角”“已知三角形的任意两边与其中一边的对角，求其他边和角”这两类解三角形的问题。

（三）创设教学情境问题

1. 在直角三角形中，找出边、角及其外接圆半径的关系。

2. 在任意的三角形中，$\frac{a}{\sin A}=\frac{b}{\sin B}=\frac{c}{\sin C}=2R$是否成立？

3. 正弦定理结构上有什么特征？有哪些变形形式？

4. 如何运用正弦定理解三角形？

二、教学问题的解决过程

（一）设计问题，导入教学

视频导入，联系时事，激发兴趣，给出三角形模型，研究萨德系统能否探测到深圳。

引出问题：已知成都到深圳的距离为1300km，“萨德—成都—深圳”所呈角度为60°，“萨德—深圳—成都”所呈角度为85°。问：萨德系统能否探测到深圳？

活动探究：学生自主发言，分享自己的见解。

呈现成果：

① 学生能够想到利用辅助线作高，在直角三角形中运用三角函数求出萨德系统到深圳的距离。

② 提升学生数学建模素养。

③ 教师引导学生思考：如何不通过辅助线，直接求出萨德系统到深圳的距离，引出课题。

（二）情境问题解决过程

情境问题1：在直角三角形中，找出边、角及其外接圆半径的关系。

引出问题：如下图所示，在Rt△ABC中，C为直角，三边分别为a、b、c，外接圆为圆O，直径为$2R$，尝试写出a、b、c、A、B、C、$2R$之间的一些等式关系。

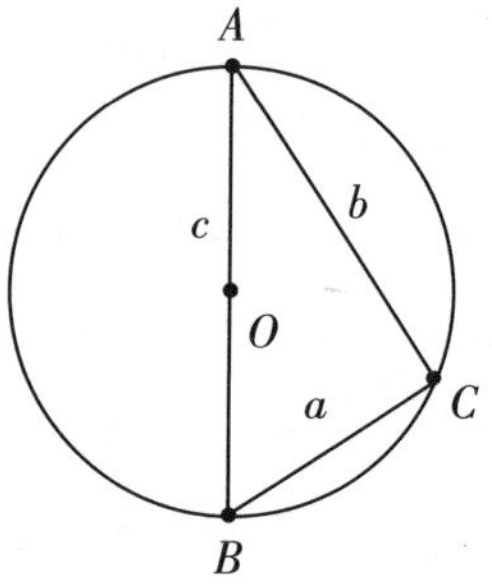

活动探究：分小组讨论，小组代表发言。

呈现成果：

① 学生能够写出$\dfrac{a}{\sin A}=\dfrac{b}{\sin B}=\dfrac{c}{\sin C}=2R$。

② 提升学生逻辑推理素养。

情境问题2：在任意的三角形中，$\dfrac{a}{\sin A}=\dfrac{b}{\sin B}=\dfrac{b}{\sin C}=2R$是否成立？

引出问题：如下图所示，将锐角三角形和钝角三角形放在其外接圆中，推导$\dfrac{a}{\sin A}=\dfrac{b}{\sin B}=\dfrac{c}{\sin C}=2R$是否成立。

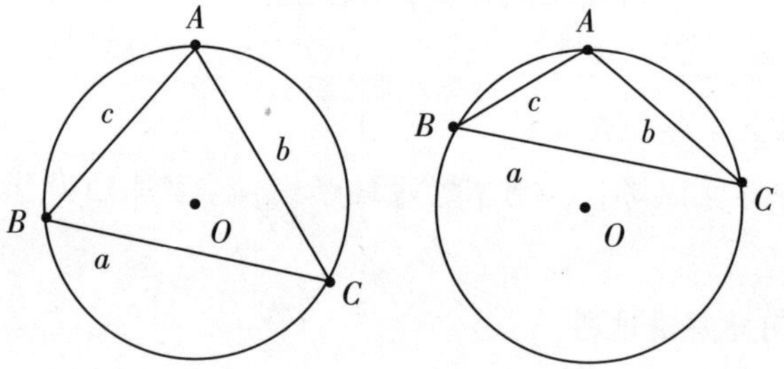

活动探究：分组合作探究，四个小组探讨锐角三角形的情形，另外五个小组探讨钝角三角形的情形，小组代表发言。

呈现成果：

① 学生推导出对任意的三角形，$\dfrac{a}{\sin A}=\dfrac{b}{\sin B}=\dfrac{c}{\sin C}=2R$仍成立。

② 学生领悟分类讨论和化归与转化的数学思想，提升逻辑推理素养。

情境问题3：正弦定理结构上有什么特征？有哪些变形形式？

引出问题：

① 在△ABC中，若A=30°，B=60°，求$a:b:c$。

② 在△ABC中，若$\sin^2A=\sin^2B+\sin^2C$，判断△ABC的形状。

活动探究：

组织学生演练习题，小组总结概括变形形式。

呈现成果：

① 学生完成练习，得出正弦定理的几个变形形式：

$a=2R\sin A$，$b=2R\sin B$，$c=2R\sin C$，

$\sin A=\dfrac{a}{2R}$，$\sin B=\dfrac{b}{2R}$，$\sin C=\dfrac{c}{2R}$，

$a:b:c=\sin A:\sin B:\sin C$

② 培养学生总结概括能力。

情境问题4：如何运用正弦定理解三角形？

引出问题：

△ABC中，已知下列条件，解三角形。

（1）A=45°，C=30°，c=10。

（2）①a=　，$b=\sqrt{2}$，A=45°；②a=，$b=\sqrt{2}$，A=45°；③a=，$b=\sqrt{2}$，A=45°。

活动探究：组织学生演练习题，小组总结运用正弦定理解决解三角形的类型问题。

呈现成果：

① 学生完成练习，总结出正弦定理能够"已知三角形的任意两个角与一边，求其他边和角""已知三角形的任意两边与其中一边的对角，求其他边和角"这两类解三角形的问题。

② 培养学生总结概括能力和解题意志力。

引出问题：已知成都到深圳的距离为1300km，"萨德—成都—深圳"所呈角度为60°，"萨德—深圳—成都"所呈角度为85°。问：萨德系统能否探测到深圳？

活动探究：组织学生演练习题。

呈现成果：

① 学生解决课堂引入提出的问题。

② 培养学生实际应用能力。

如下图所示，$\triangle ABC$中，$\angle B$的角平分线交AC于点D，求证$\frac{AB}{BC}=\frac{AD}{DC}$。

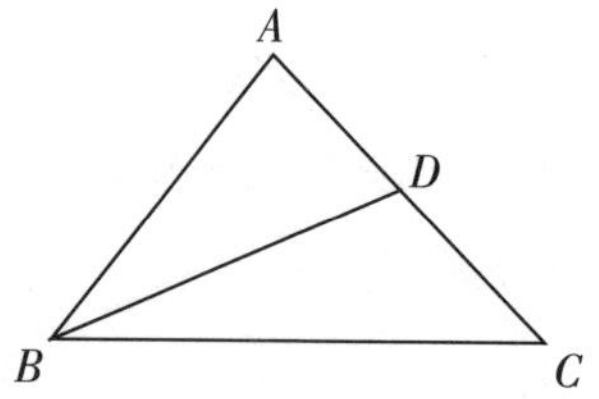

（此教学设计案例原始材料由深圳市高级中学李世伟老师提供）

生物课“DNA分子的结构”教学设计案例

一、分级分类设计教学问题

（一）锁定育人问题

“DNA分子的结构”这节内容在课标中的要求是“概述分子结构的主要特点”，属于理解水平。本节课根据问题导向教学法中“问题导向”“合作与探究”“认知互联”“阅读演讲”等教学原则，运用多种背景资料引出学习主题，鼓励学生以兴趣为驱动关注主题，给学生创设了让不同学习方法得到理解和包容的合作学习环境，让学生通过小组讨论、合作、协商等方式，在学习中将学科内部、各学科之间、学科内容与现实世界之间建立起内在联系，并能尝试去解决相应问题。同时，联系新课程理念中的“自主”“合作”“探究”，在生物学科素养关于“社会责任”“生命观念”“理性思维”“合作探究能力”等要求的基础上，最终确定了本节课的教学思路。

由于本节课中，DNA结构是分子层面，无法直接观察，需要学生运用空间想象能力，比较抽象，在教学设计时结合科学家构建DNA模型的研究过程，不断创设教学情境，让学生从中获取信息，产生自觉探究的内驱，再通过小组合作，利用简单的材料逐步重构模型，使理论知识更为直观化、形象化，同时让学生自然生成知识，并获得一定的情感体验。

（二）聚焦学科认知问题

1. 通过阅读教材资料，尝试重构DNA模型，培养学生获取信息的能力和合作探究的能力。

2. 引导学生从点、线、面到空间结构逐步分析DNA分子的结构，掌握从化学角度认识生物结构的方法，并培养学生的跨学科思维。

3. 分析DNA结构特点，提高锁定育人问题推理等理性思维能力，同时培养学生运用数学方法分析生物学问题的能力。

4. 通过DNA分子结构特点在社会热点问题中的运用，正确理解科学、技术、社会之间的关系，培养学生的生命观念，提升学生的社会责任和人文关怀。

（三）创设教学情境问题

1. 了解DNA分子模型构建的过程。

2. 通过对DNA分子模型的重构，描述DNA分子的基本结构。

3. 检验学生对DNA分子结构的掌握情况。

4. 举例说出DNA分子的哪些结构不可拆开？体现了它的什么特点？（反面推导稳定性）

5. 说出DNA分子的多样性体现在哪些方面？

6. 分析社会热点，阐明DNA分子的特异性。

7. 尝试分析推理DNA分子不同碱基对之间的数量关系。

二、教学问题的解决过程

为了一一解决以上提出的问题，本节课设计了如下的教学环节，引导学生在不同的教学情境探究中，主动发现、思考、探索，在激发学生兴趣的基础上，让学生尝试去思考问题，并主动解决问题。

（一）设计问题，导入教学

图片：“被拐儿童回家”系列图片。

现在有很多节目，如《等着我》《宝贝回家》等，都是帮助被拐儿童回家，他们要怎么才能找到自己的亲人呢？从生物学角度来看，哪一种方式最快捷、准确？

引导学生联系这一社会热点问题，进行思考、回答，引出课题：根据DNA来进行鉴定。由此，一起进入DNA的探索世界。

（二）情境问题解决过程

情境问题1：了解DNA分子模型构建的过程。

引出问题：DNA是分子层面的物质，显微镜下也看不见，我们无法观察，那要如何研究？

活动探究：让学生阅读书本第47～48页的材料，获取关键信息，联系PPT上给出的具体线索，完成对材料信息的获取和收集。在阅读后，让学生将提炼出的关键信息用语言的形式表达出来。

呈现成果：让学生了解DNA分子模型构建的过程，培养学生通过阅读获取信息的能力和语言表达能力。

情境问题2：通过对DNA分子模型的重构，描述DNA分子的基本结构。

引出问题：正是因为有了多位科学家相互合作、不断改进，才有伟大的研究成果。那么，现在让我们化身为小科学家，尝试对DNA分子进行重构，重新体验科学家的研究历程。

活动探究：将学生分成6人一小组，利用课前分发的DNA模型材料，根据科学家的研究成果，在思考PPT所给问题的基础上，相互合作，动手重构DNA分子模型。

PPT问题：

（1）几条链？立体结构？

（2）基本骨架？位于DNA的什么部位？

（3）碱基是如何配对的？位于DNA的什么部位？

呈现成果：学生构建具体的DNA模型，直观认识DNA的结构，培养学生的动手操作、合作探究能力。

活动探究：学生模型构建完成后，让小组成员根据组内合作重构的模型，成员之间对DNA分子结构进行讲解。

引出问题：研究生物大分子，我们一般按“点—线—面—立体”的思维来分析，在DNA分子中，它的“点”“线”“面”“立体”分别是什么结构？

活动探究：小组合作学习，进行回答。

呈现成果：画出DNA分子的基本结构，引导学生从化学角度认识生物结构，培养学生的逻辑思维和语言表达能力。

情境问题3：检验学生对DNA分子结构的掌握情况。

活动探究：给出DNA的分子结构模式图，让学生说出图中各个部分的名称。

呈现成果：检验学生对DNA分子结构的掌握情况。

情境问题4：举例说出DNA分子的哪些结构不可拆开？体现了它的什么特点？

引出问题：同学们刚才重构了DNA分子结构的模型，现在，如果请你把它拆开，需要拆开哪些结构？

活动探究：引导学生联系构建的模型，按“立体—平面—线—点”的顺序回答。

呈现成果：学生回答，归纳总结DNA分子的稳定性。

课堂实际效果：联系之前构建的模型后，学生对于DNA结构的认识更为立体、形象，对于DNA结构稳定性的理解非常透彻，能准确说出所有可能需要一一拆开的结构，如解螺旋、氢键等。

情境问题5：说出DNA分子的多样性体现在哪些方面。

PPT上给出不同DNA分子结构图，让学生比较不同DNA分子的不同点，说出DNA分子多样性的主要原因。如下图所示。

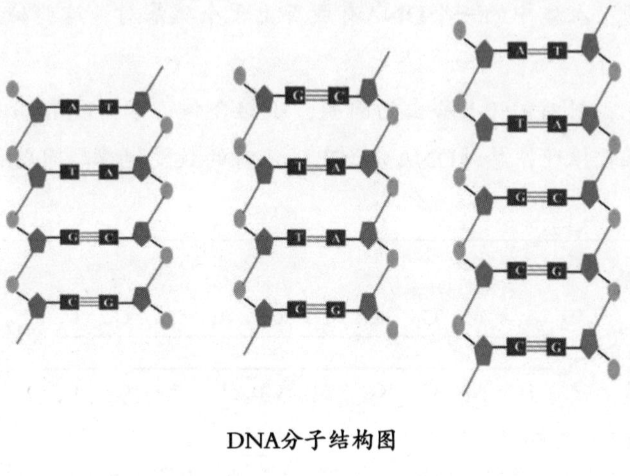

DNA分子结构图

呈现成果：引导学生在教学环节中，自主观察、思考，获取知识。

情境问题6：分析社会热点，阐明DNA分子的特异性。

活动探究：提供DNA鉴定技术案例题，让学生说出DNA分子的特异性。案例如下。

DNA指纹技术在亲子鉴定、侦查罪犯等方面是目前最可靠的技术。

（1）如图为孩子、母亲以及待测三位男性的DNA指纹鉴定的部分结果。则孩子的生物学父亲是___B___。

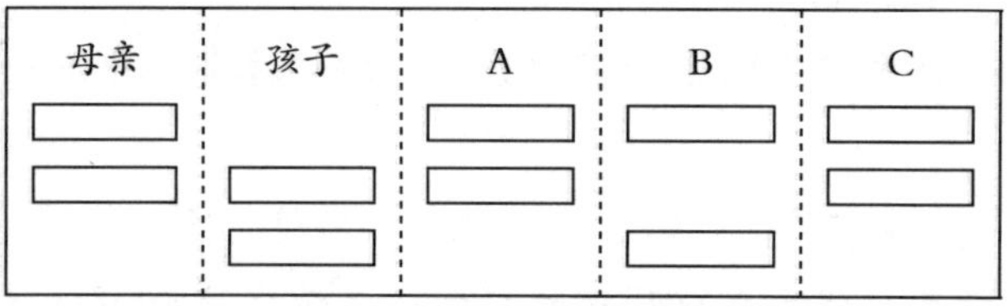

呈现成果：将该案例联系导入“走失儿童寻亲”这一社会问题，培养学生将知识联系生活、应用生活的意识，让学生理解科学、技术、社会之间的关系，提升学生的社会责任和人文关怀。

情境问题7：尝试分析推理DNA分子不同碱基对之间的数量关系。

引出问题：人体中的一个DNA有成百上千个碱基对，这些碱基对有什么数量关系？

活动探究：针对PPT上给出的问题，小组合作，分析DNA分子中碱基对的数量关系，探索推理，总结DNA分子中碱基对的数量规律。问题如下图所示。

拓展：

DNA：

A_1 T_1 G_1 C_1 T_1 G_1 A_1 T_1 G_1 C_1 1链

T_2 A_2 C_2 G_2 A_2 C_2 T_2 A_2 C_2 G_2 2链

（1）双链中A=___T___，G=___C___；

（2）若第一条链（A_1+G_1）/（T_1+C_1）=b，则另一条链（A_2+G_2）/（T_2+C_2）=___1/b___

（A+G）/（T+C）=___1___

学生小组推理后，让学生成员上台为大家讲解推导过程和结果。

呈现成果：让学生自主总结DNA碱基对数量规律，培养锁定育人问题推理等理性思维能力，以及学生学科综合运用的意识和能力。

教学小结：

联系生物高考，根据DNA分子结构及特点，解决实际问题。

1. 聚焦高考。

脱氧核糖和磷酸之间的连接物：14个

脱氧核糖塑料片：40个

磷酸塑料片：100个

氢键的连接物、脱氧核糖和碱基之间的连接物充足，据以上材料构建的DNA模型，正确的是（　　）。

A. 能搭建出20个脱氧核苷酸

B. 所搭建的DNA分子片段最长为7碱基对

C. 能搭建出410种不同的DNA分子模型

D. 能搭建出一个4碱基对的DNA分子片段

2. 下图是大肠杆菌DNA分子结构图示（片段）。

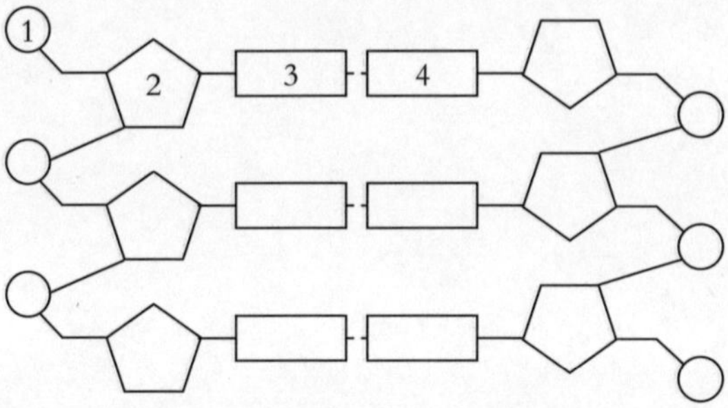

（1）图中1、2、3结合在一起的结构叫______。

（2）若3为碱基A，则4为碱基______；若3为碱基C，则4为碱基______。

（3）DNA分子中3与4是通过______连接起来的。

（4）在该DNA中，G+C占全部碱基含量的46%，已知左链A占28%，C占22%，则A在全部碱基中所占的比例是______。

板书设计

DNA分子的结构

一、DNA分子的结构

二、DNA分子的特点

1. 稳定性

2. 多样性

3. 特异性

（此教学设计案例原始材料由深圳市高级中学屈卓娴老师提供）

第七章　以问题为导向的教学评价体系的建立

一、主题课程评价体系的建立

评价在教学中有着广泛的作用和功能，不仅是对教师教学效果的过程性评估和量化评定，还包括诊断、修订课程、比较、预测教育需要、确认目标是否达到等多种功能。以问题为导向的教学设计研究包括课程评价，也包括教学评价。主题活动课程是我们根据学校的学情自主开发的课程，因此制定了一套相应的课程评价体系。对于学科课程而言，我们重点关注的是教学评价体系的建立。从评价的角度看，两类课程研究的交集就是教学评价体系的建立。我们以主题课程为例介绍以问题为导向的教学评价体系和功能及其建构过程。

二、课程反馈社团的建设

对于“创课社”的培养，我们主要基于高中阶段“同伴向心力”的心理发展规律，社团的成长不仅是小众学生精英的成长，也是以精英为旗帜带动所有同伴共同成长的过程。我班王×同学就是一个很好的例子。她从一名从未做过班干部的普通学生成长为“创课社”的领袖，带领全年级课代表开发和实施课程，现在正以老社长的身份培养新社长和社员，这样的“帮带”文化已在社团中逐渐形成。如果把课程比喻成产品，那么这支学生课程研发团队已经实现“自主研发、自主推广、售后服务、自负盈亏”的一条龙运作。在这个过程中，他们不仅锻炼了自己的领导力，更重要的是以同伴力量带动更多的同学一起探索学习和成长的路径，在探索中与老师和同学结成了互联互通、互为依存的生命共同体。下面，我们给读者呈现的是主题课程反馈社团组建方案。

（一）主题课程反馈社团的组建

主题课程反馈社团的前身是主题课程课代表，他们最初只对教师教学提供简单的辅助工作，比如，收发作业、转发教师的通知等，慢慢转型为专业的“主题课程反馈社团”。这种转型也基于主题课程的开发需要，主题课程与学科课程不同的是没有固定的教材和学习内容，需要我们根据育人目标、课程目标和聚焦认知问题开展教学设计并收集学习资料，开发学习项目，组织学习活动。

主题课程反馈社团组建方案

一、社团名称

主题课程反馈社团。

二、成立背景

主题课程是学校探索实施的，有别于传统德育的主题课程。主题课程的开发和实施是一个不断探索、修改和完善的过程，在这个过程中，需要来自授课老师、学生以及家长的反馈意见，尤其是学生。首先，主题课程从文本课程转换为学生的经验课程，转换程度如何，实施的效果怎样，最后都要从学生身上得到反映。其次，开设主题课程的宗旨就是改革德育内容和模式，真正促进学生的发展。要达到这个目的，就必须研究学生，围绕学生的兴趣和心理特点来开发与设计德育课程。为了设计出更加贴近学生、具有实效的与时俱进的德育课程，课程研究中心决定成立主题学生课程顾问团。

三、社团宗旨

向课程研究中心反映同学们的真实感受，参与主题课程的开发，为主题课程的开发和实施出谋划策，向家长和同学宣传主题课程，促进主题课程质量不断提升。

四、社团构成

总负责人：刘老师

具体负责人：黄老师

社长（1名）：由学生处选拔或班主任推荐

社员（共20名，每班1名）：由各班班主任推荐或自荐

推荐或自荐明细

班级	调研评估社员	班级	调研评估社员
（1）	胡×林	（11）	陈×捷
（2）	荣　×	（12）	张×莎
（3）	贺×峰	（13）	单×若
（4）	钟×鸾	（14）	徐×宁
（5）	盛　×	（15）	肖×婧
（6）	黄　×	（16）	陈×桢
（7）	郑×玥	（17）	黄×迪
（8）	林×儒	（18）	余×毅
（9）	韩×宇	（19）	刘×霏
（10）	刘×妮	（20）	王　×

社团成员应符合的条件：

1. 自愿加入主题学生课程顾问团；
2. 有工作热情；
3. 有一定的观察和分析总结能力，善于表达；
4. 有责任心和团队合作精神。

五、职责和权利

社长的主要职责：

1. 有重要会议时负责召集班级顾问；
2. 收齐班级顾问的课程反馈表；
3. 召集相关班级顾问参加每周的团队访谈。

调研评估社员的主要职责：

1. 调查班上同学的感受和意见，及时填写课程反馈表；
2. 把课程反馈表（教师用）交给本班班主任填写，并立即收回；
3. 参加主题课程的团队访谈；
4. 对主题课程进行宣传；

5. 协助班主任实施主题课程。

社员的主要权利：

1. 对主题课程的开发和实施提出意见与建议的权利；
2. 参与主题课程开发的权利；
3. 所做工作作为学生素养评价的参考；
4. 受邀出席课程研究中心相关会议和活动的权利。

六、社员工作细则

1. 每次主题上课前到A607领取课程反馈表；

2. 上课过程中观察和感受班级情况，并在课程结束后通过多种方式了解班上同学的感受和意见，及时填写课程反馈表；同时在每次课程结束时将课程反馈表（教师用）交给班主任填写并当场收回；

3. 社员在每周三中午12点前将课程反馈表交给社长，社长做好记录，并在下午5点半前交到A607办公室；

4. 周三下午4：30—5：00参加访谈。

访谈安排

周次 班级	三	四	五	六	七	八	九	十	以此类推
班级顾问	（1）班	（2）班	（3）班	（4）班	（1）班	（2）班	（3）班	（4）班	
	（5）班	（6）班	（7）班	（8）班	（5）班	（6）班	（7）班	（8）班	
	（9）班	（10）班	（11）班	（12）班	（9）班	（10）班	（11）班	（12）班	
	（13）班	（14）班	（15）班	（16）班	（13）班	（14）班	（15）班	（16）班	
	（17）班	（18）班	（19）班	（20）班	（17）班	（18）班	（19）班	（20）班	

（二）课程反馈流程

学校的主题课程是由师生共同开发的，课程目标、课程内容和教学方式都是师生共同确定的，因此学生和教师的交流与互动频次要远远多于传统的师生交往频次。学生全程参与主题课程的开发，每个班级有一名学生课程顾问，每个年级有一名年级学生课程顾问，所有的课程顾问组成了“创课社团”，他们参与课程实施与反馈。就具体的课程反馈而言，他们以班级为最小单位层层反馈课程实施情况。为建立专业的课程反馈机制，我们设计了清晰的课程反馈流程，具体如下图所示。

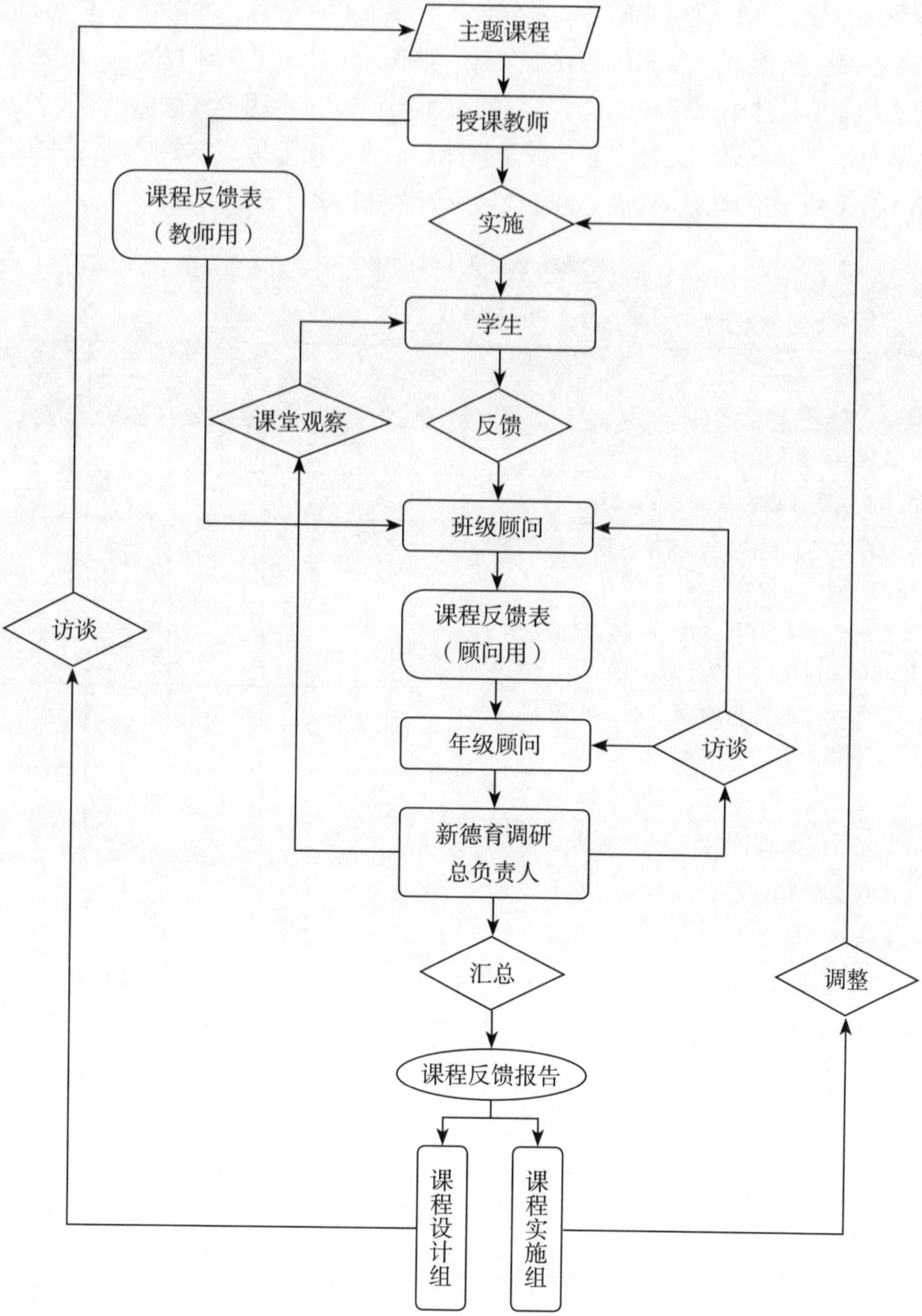

课程反馈流程

（三）课程反馈表（顾问用）的制定

为评估课程目标达成、学习者需要、进一步修订课程，我们成立了学生课程顾问社团，在评价组织的建立上保证了科学性和有效性，同时建立了专业的评估机制，并且开发了相应的评估工具。首先是适用于学生课程顾问的课程反馈表的制定，这个反馈表由21个客观问题和3个主观问题组成，涵盖了课程和教学内容、教学方式和方法、教师教学技能、学生学习效果等多个问题。这个表格不仅适用于主题活动教学，同样也适用于学科教学，表格如下。

课程反馈表（顾问用）

请就下面每一项进行评价，并在相应的分数上打“√”。

题项	完全不符合	不符合	基本符合	符合	完全符合
1.我对本次主题课程的内容很感兴趣	1	2	3	4	5
2.本次主题课程的内容贴合我们的生活	1	2	3	4	5
3.本次主题课程的内容安排合理，我们有充足的时间进行讨论	1	2	3	4	5
4.本次主题课程所设置的问题能够激发我们的思维，让我们有话可说	1	2	3	4	5
5.在本次主题课程的课堂上，我们班同学发言积极	1	2	3	4	5
6.课堂上同学们感觉比较轻松自由	1	2	3	4	5
7.大部分同学都参与进了课堂活动	1	2	3	4	5
8.本次主题课程采用的教学模式很好	1	2	3	4	5
9.授课老师上课热情饱满	1	2	3	4	5
10.授课老师进行了充分的准备	1	2	3	4	5
11.授课老师积极鼓励同学们参与课堂，现场气氛很好	1	2	3	4	5
12.授课老师在课堂上对同学们的回答进行了引导	1	2	3	4	5
13.在课程结束时授课老师对课程内容进行了小结	1	2	3	4	5
14.各个讨论小组都按规范使用了小组学习评价表	1	2	3	4	5

续 表

题项	完全不符合	不符合	基本符合	符合	完全符合
15.小组成员在讨论环节进行了合理的分工合作	1	2	3	4	5
16.本次主题课程让我获得了一些新知识	1	2	3	4	5
17.本次主题课程让我获得了一些生活技能和技巧	1	2	3	4	5
18.本次主题课程促使我开始审视自己的价值观	1	2	3	4	5
19.上完本次课后，我会把学到的东西付诸实践	1	2	3	4	5
20.整体上，你对这次主题课程的满意程度是：A.不满意　B.一般　C.满意　D.非常满意					
21.你给予这次主题课程的总体评分是（以100分计）					
22.本次课程中哪些内容对你启发最大？ ① ② ③					
23. 你对本次课程的评价。 其中做得比较好的方面有： 主要存在的问题和需要改进的地方：					
24. 你对课程有什么改进建议？					
说明：1.填写完整后及时将本表上交； 2.请给予你真实的评估意见，以帮助我们不断提高课程开发水平					

基于师生双评的评价机制，我们制定了专门适用于授课教师的课程反馈表，此表包含12个客观问题、1个主观问题，涵盖了课程和目标设置、课程和教

学内容、教学方式和方法、教师教学技能、学生学习效果等方面的问题。这个表格不仅适用于主题活动教学，同样也适用于学科教学。表格如下。

课程反馈表（教师用）

请就下面每一项进行评价，并在相应的分数上打“√”。

题项	完全不符合	不符合	基本符合	符合	完全符合
1.本次主题课程的目标设置设置合理	1	2	3	4	5
2.本次主题课程的教学内容贴近学生的生活	1	2	3	4	5
3.本次主题课程教学实施安排合理，学生有充足的时间进行讨论	1	2	3	4	5
4.本次主题课程所设置的各级各类问题能够激发学生的思维	1	2	3	4	5
5.本次主题课程所采用的教学方式很合理	1	2	3	4	5
6. 本次主题课程的课程资料充分	1	2	3	4	5
7. 本次主题课程便于实施	1	2	3	4	5
8. 在本次主题课程的课堂上，我们班学生发言积极	1	2	3	4	5
9. 各个讨论小组都按规范使用了同伴学习评价表	1	2	3	4	5
10. 我感觉这次主题课程对学生的启发很大	1	2	3	4	5
11.整体上，您对这次主题课程的满意程度是：A.不满意　B.一般　C.满意　D.非常满意					
12.您给予这次主题课程的总体评分是（以100分计）					
13.您对改进本课程还有什么建议？					
说明：1.填写完整后及时将本表上交； 2.请给予您真实的意见，以帮助我们不断提高课程开发水平					

三、主题课程需求调查报告（家长问卷）

“以问题为导向的主题课程需求调查问卷（家长版）”是学校课程研究中心成员共同编制的问卷，其目的一方面在于了解学生家长对学校以问题为导向的主题课程的需求，从而更好地开发出满足家长和时代需求的以问题为导向的主题课程；另一方面在于通过问卷让家长了解学校以问题为导向的主题课程，争取家长的支持和参与，为开发和利用家长资源服务以问题为导向的主题课程打下基础。本次问卷调查在全体高一年级（国际班除外）实施，印发1100份，由班主任在周末放学前发放，周一上课前统一回收，最后得到有效问卷721份。以下是本次问卷调查的总结报告。

（一）总体情况

1. 家长对以问题为导向的主题课程的了解和支持程度

自学校正式在高一年级实施以问题为导向的主题课程以来，从下图中可以看出，67%的家长对以问题为导向的主题课程有简单了解，25%的家长一点也不了解，仅有8%的家长表示非常了解。这一方面说明学校以问题为导向的主题课程已经开始为家长所了解；另一方面也说明学校以问题为导向的主题课程还需要加大宣传，让家长了解以问题为导向的主题课程并参与到以问题为导向的主题课程的实施中来。家长在开放题的调查中也表示出了参与学校以问题为导向的主题课程的意愿。

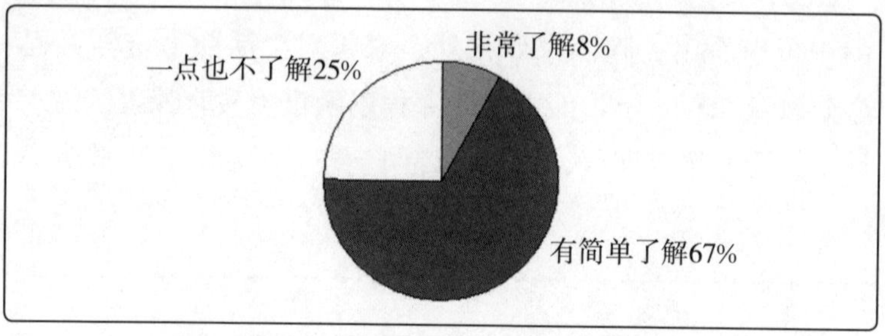

家长对以问题为导向的主题课程的了解程度

另外，从下图中可以看出，接受调查的家长中，92.9%的家长表示愿意支持和参与学校的以问题为导向的主题课程开发，这一点在问卷的开放题“您对以问题为导向的主题课程还有什么更好的建议”中得到了很好的验证，很多家长表示认同以问题为导向的主题课程的理念并支持和期待以问题为导向的主题课程的开发实施。这为以问题为导向的主题课程的开发和实施提供了有利的外部环境。

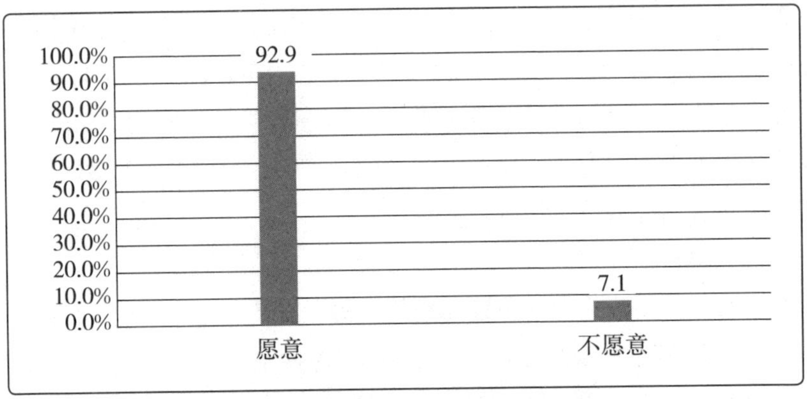

家长对以问题为导向的主题课程的支持程度

2. 家长认为除国家课程外学校还应该开设的课程

学校提出"发展教育实验研究方案"，以学生发展为核心，以生活教育为理念，通过开放的多样的形式培养学生会做人、会做事、会交往、会学习、会服务、会创造的能力。全面提高学生的道德素养、健康素养、学能素养、生活素养、审美素养，促进学生的最优发展。

从下图中可以看出，除国家课程外，家长对生活能力培养课程、健康教育课程、道德教育课程、学习能力培养课程以及审美教育课程的需求都比较强烈，尤其是生活能力培养课程，这直接说明学校的发展教育实验方案契合了家长的需要。

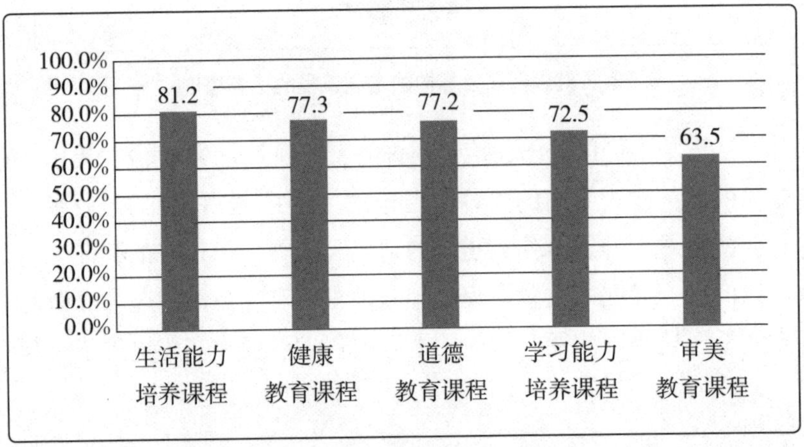

家长认为除国家课程外学校还应该开设的课程

3. 家长认为公民教育应包含的内容

纵观各国公民教育的内容，不外乎公民基本素养教育、健康生活方式养成教育、社会公德和责任教育、全球公民教育、公益和志愿服务教育、政治常识和政治能力教育等，根据我国国情，我们把社会主义核心价值观教育也列入其中。

从下图中我们可以看出，大部分家长对选项中列出的几项公民教育内容都比较认可，其中“公民基本素养教育”的认可度最高，其次是“健康生活方式养成教育”“社会公德和责任教育”“全球公民教育”。“政治常识和政治能力教育”的认可度最低。

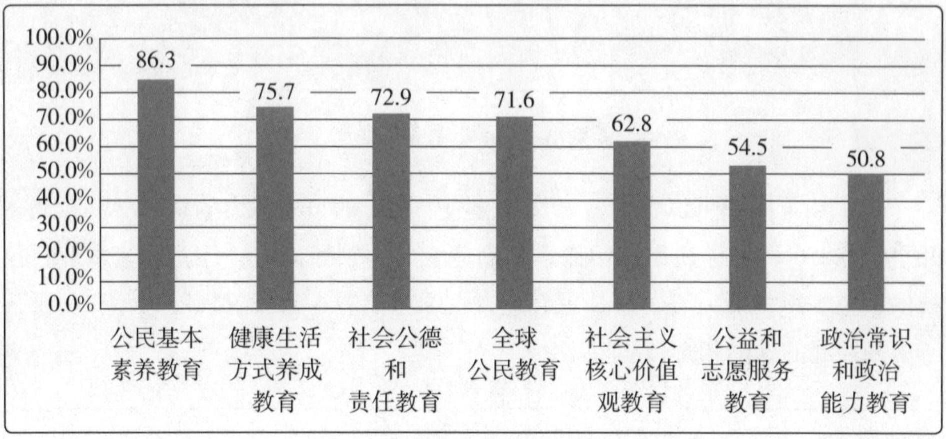

家长认为公民教育应包含的内容

4. 家长认为孩子应具备的品质、能力和意识

（1）通过查阅资料，并结合学校“发展教育实验研究方案”的精神，我们列出了17项学生适应未来社会发展应具备的品质。从下图中可以看出，几乎每个选项都有约50%的家长选择，其中“诚实守信”的认可度最高，达到79.3%。其他一些传统优良品德如热爱祖国、尊老爱幼以及与个人未来发展关联较大的品质如自信自立、乐学善思等受到家长的认可度也比较高，均在60%以上。相比较而言，富有爱心和同情心、富有正义感、志趣高雅以及服务精神的认可度较低。

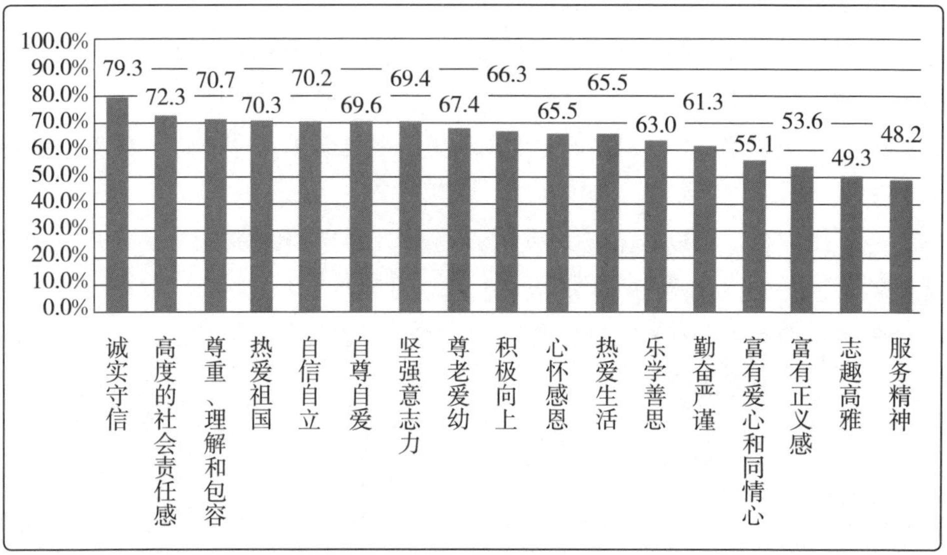

家长认为孩子应具备的品质

（2）从下图中可以看出，家长对选项中列出的11项能力的认可度都较高，几乎都在50%以上。相比科学探索和创造能力，领导能力，体育、艺术或科技技能，艺术审美能力等，家长更看重自主学习能力、自我管理能力等有利于孩子未来发展的基础和必备能力。

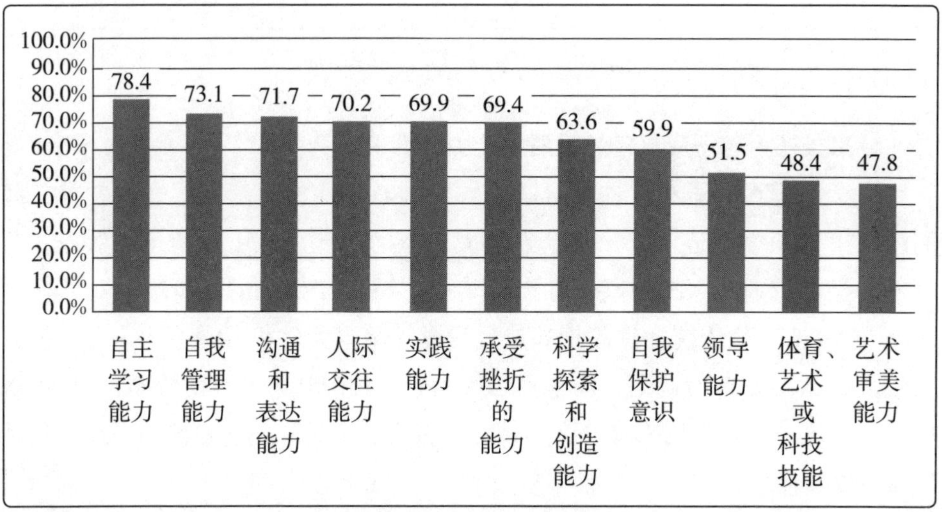

家长认为孩子应具备的能力

（3）通过下图我们可以发现，家长对选项中列出的8种孩子应树立的意识的认可度都较高，几乎都在50%以上，其中责任意识的认可度最高，创新意识、合作意识、自我保护意识、法治意识、竞争意识、环保意识、主体意识的认可度依次降低。很多家长在问卷调查中也提出，要加强孩子的责任意识，提高孩子的家庭责任感和社会责任感。

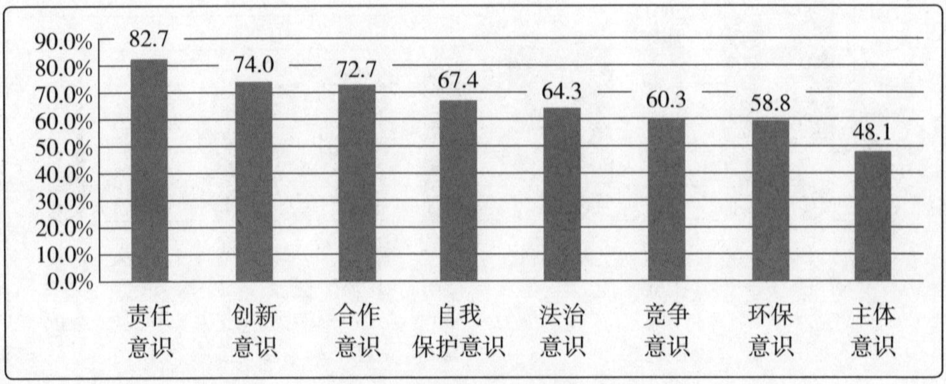

家长认为孩子应树立的意识

5. 家长认为孩子最缺乏的品质、能力和意识

（1）家长认为孩子最缺乏坚强意志力和勤奋严谨等品质。通过下图我们看到，在列出的17种品质中，坚强意志力、勤奋严谨、服务精神、高度的社会责任感、自信自立是家长认为孩子最缺乏的5种品质，这可能与现在的孩子大多是独生子女有关。

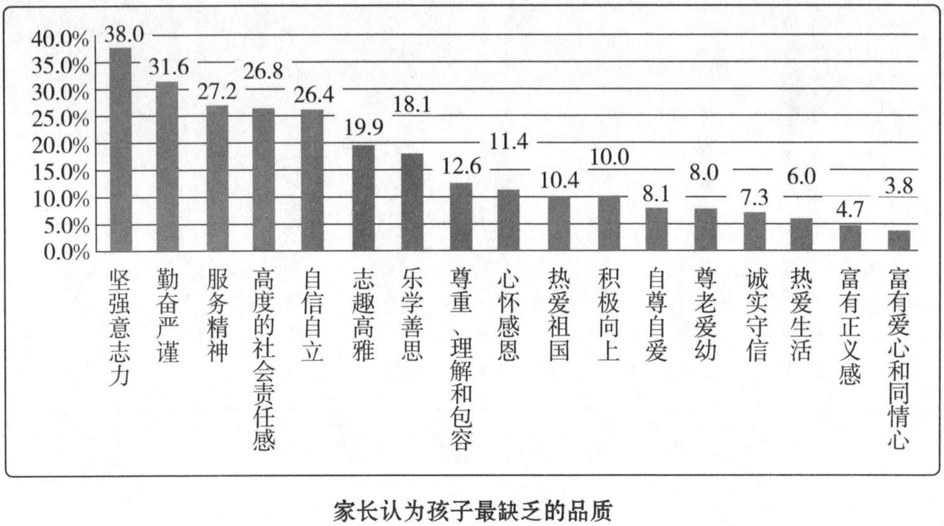

家长认为孩子最缺乏的品质

（2）家长认为孩子最缺乏自我管理能力和领导能力等。通过下图我们看到，34.1%的家长认为孩子最缺乏自我管理能力，居于“最缺乏能力”之首，领导能力、科学探索和创造能力、实践能力依次降低。

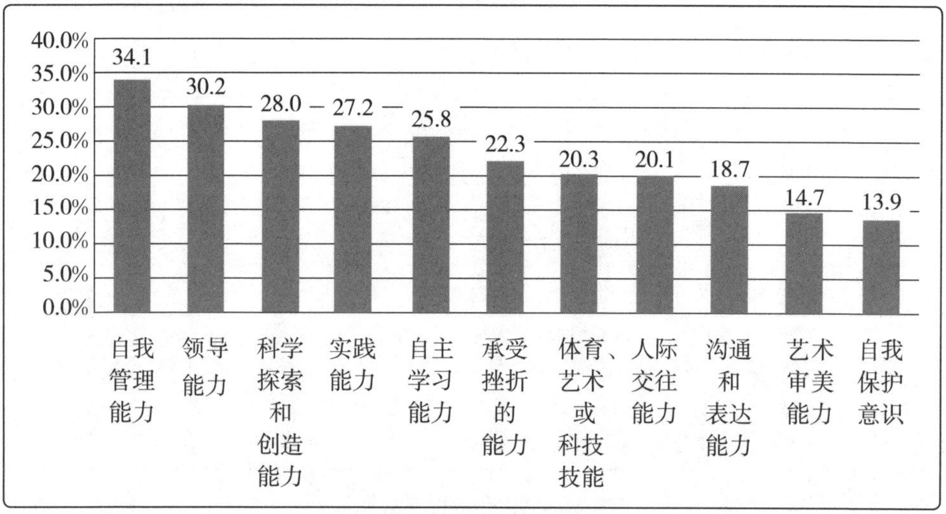

家长认为孩子最缺乏的能力

（3）从下图中我们可以看到，家长认为孩子最缺乏创新意识和竞争意识，选择的比例高达47.1%和36.4%，相对而言，环保意识则显得不那么缺乏，这可能得益于学校长期的环保宣传。

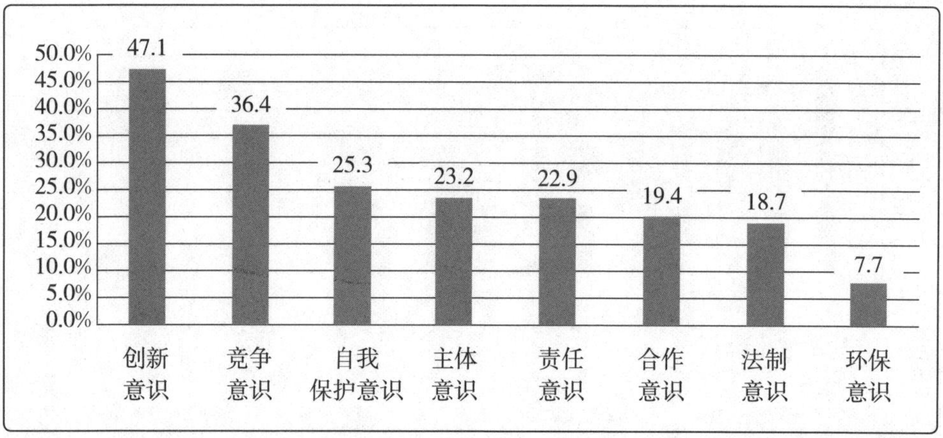

家长认为孩子最缺乏的意识

6. 家长认为孩子较缺乏的素养

（1）心理素养方面，在列出的6项心理素养中（见下图），49.0%的家长认为自己的孩子较缺乏控制情绪的能力，接下来依次是承受挫折的能力、适应社会环境的能力、乐于与他人交往的能力、正确认识和接纳自我的能力、保持积极乐观心态的能力。

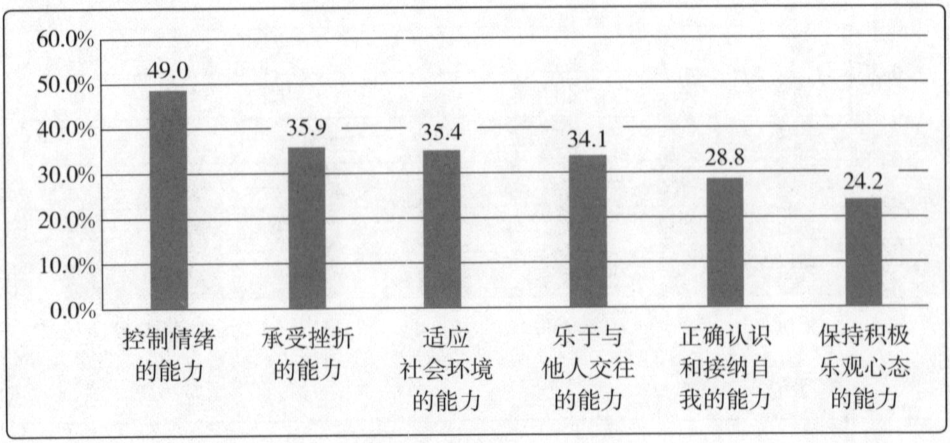

家长认为孩子较缺乏的心理素养

（2）身体健康素养方面，高达71%的家长认为孩子较缺乏坚持锻炼的运动习惯，比位于第二的健康的生活方式高出32.4个百分点。从下图中我们可以看出，较多的家长认为孩子缺乏坚持锻炼的运动习惯、健康的生活方式以及运动兴趣，这也是家长所看重的。

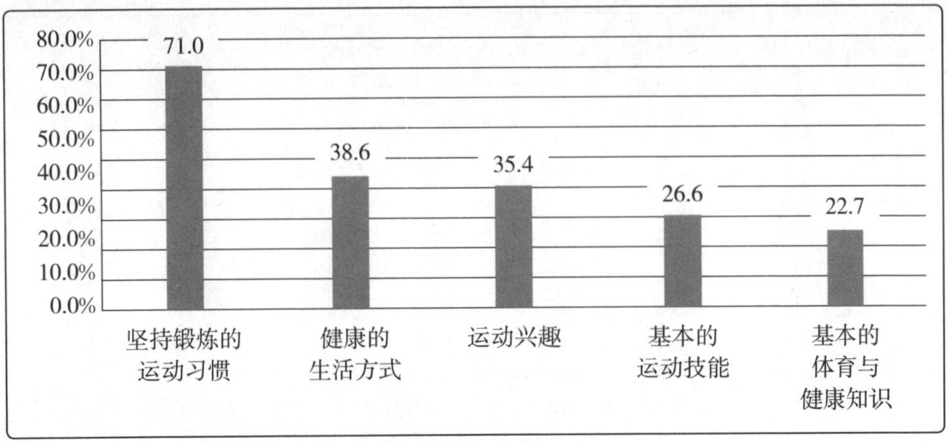

家长认为孩子较缺乏的身体健康素养

（3）学能素养方面，55.8%的家长认为自己的孩子较缺乏正确高效的学习方法。研究性学习的能力和创新能力次之。虽然有19.1%的家长也把合作学习的能力列为孩子较缺乏的学能素养之一，但是相对而言，显得不是那么缺乏（见下图）。也可能是家长对此不了解或没有认识到合作学习能力的重要性。

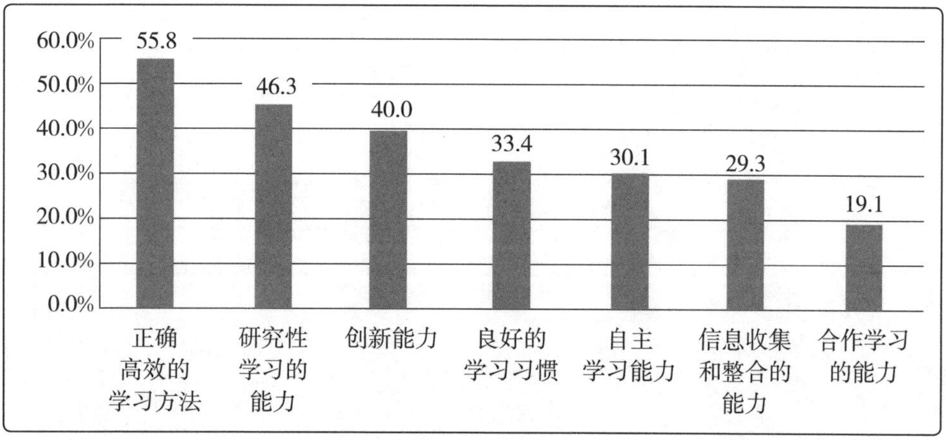

家长认为孩子较缺乏的学能素养

（4）生活素养方面，医疗急救知识和技能被认为是最缺乏的，高达65.1%的家长选择了这一项（见下图）。这可能是由于孩子获得医疗急救知识和技能教育的机会较少，社会媒体和学校教育比较偏重地震、消防逃生技能，财产安全意识等，而医疗急救知识和技能则成为盲点。

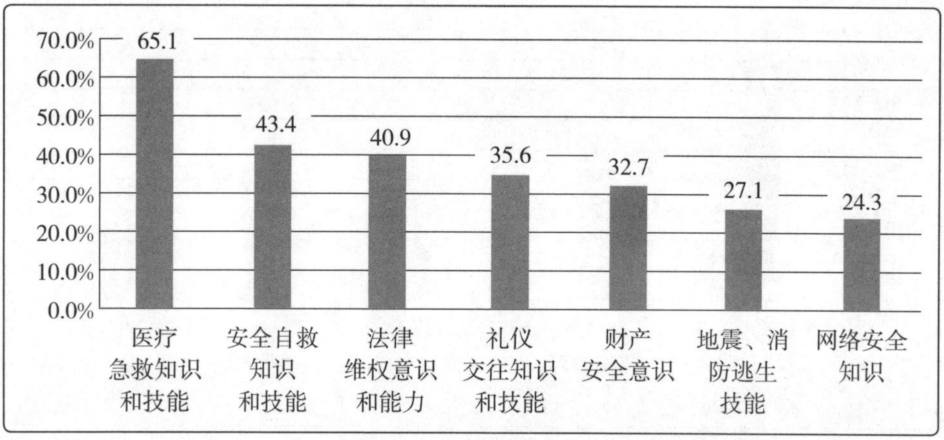

家长认为孩子较缺乏的生活素养

（5）审美素养方面，52.7%的家长认为自己的孩子比较缺乏艺术表现和创造能力，接下来依次是艺术特长、艺术鉴赏能力、审美情趣和基本的艺术常识（见下图）。由于学校的艺术教育大多数时候还是注重艺术常识的普及，学生参与艺术表演、创作的机会较少，所以在艺术表现和创造能力、艺术特长以及艺术鉴赏能力方面相对缺乏。

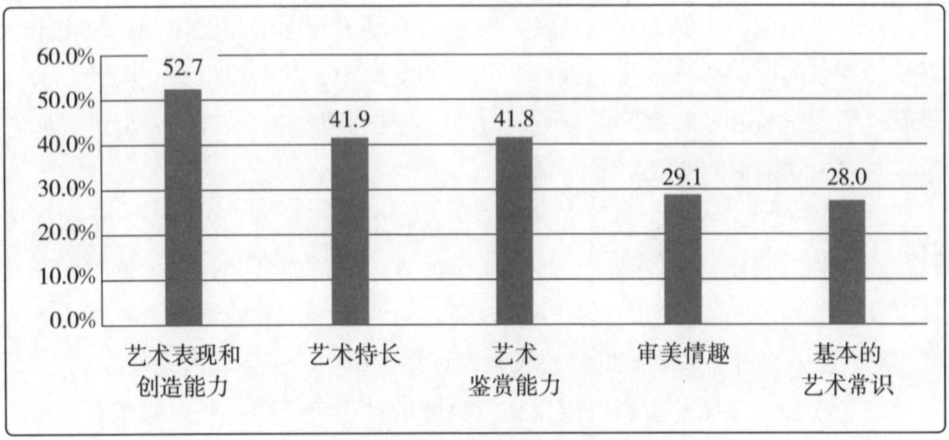

家长认为孩子较缺乏的审美素养

为提高孩子的审美素养，更多家长还是希望孩子学习乐器、歌唱、绘画、书法、摄影等，而对园艺和戏曲则不是那么青睐（见下图）。

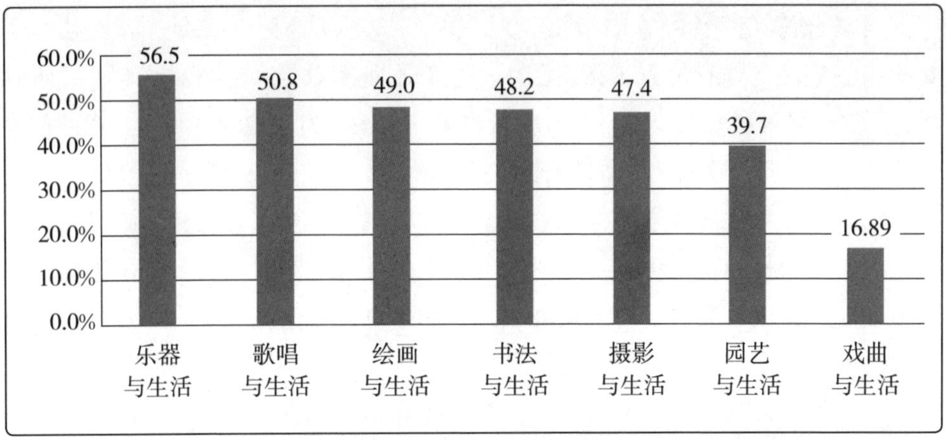

家长希望开设的提高审美素养的课程

（二）结论和建议

（1）家长对生活能力培养课程、健康教育课程、道德教育课程、学习能力培养课程以及审美教育课程的需求都比较强烈，尤其是生活能力培养课程，这说明学校的“发展教育实验研究方案”不仅符合教育规律，也契合了家长需求。这为“发展教育实验研究方案”的实施提供了有利的外部环境，从而为以问题为导向的主题课程的开发和实施奠定了良好的基础。许多家长表示愿意支持以问题为导向的主题课程的开发，希望以问题为导向的主题课程尽早实施。因此，在以问题为导向的主题课程的开发和实施中，我们可以通过问卷、简报等形式增加学校和家长之间的联系与互动，挖掘和利用家长资源，促进以问题为导向的主题课程的有效实施。

（2）家长对学校“公民教育计划”中包括的公民基本素养教育、全球公民教育、社会主义核心价值观教育、健康生活方式养成教育、社会公德和责任教育以及公益和志愿服务教育的认可度较高，对政治常识和政治能力教育的认可度相对较低。因此，在学校的“公民教育计划”中应避免空洞的说教。

（3）根据上文图片资料可以发现，高度的社会责任感、坚强意志力、自信自立、心怀感恩以及尊重、理解和包容是比较多的家长认为孩子缺乏并应该具备的几种品质。自主学习能力、自我管理能力、实践能力、承受挫折的能力是较多家长认为孩子缺乏并应具备的能力。责任意识、创新意识、自我保护意识是较多家长认为孩子缺乏并应该树立的意识。这些在开放题的回答中也得到了有效的验证。

很多家长在问卷回答中指出，现在很多孩子都是独生子女，有着独生子女的一些共性。如有位家长指出独生子女存在如下共性：“自私自利；爱听好话，不接受批评教育之类的话题；怕苦怕累，欠缺奋发进取的精神和坚强的信念与意志；受到流行歌曲《都是你的错》的影响，不承担责任，都是自己对。”

因此，针对大部分学生都是独生子女的特点，学校在开发和实施以问题为导向的主题课程的过程中，在培养学生多方面发展的同时，又对学生责任感、意志力、承受挫折能力、自我管理能力、创新意识等品质、能力和意识的培养有所侧重。

（4）不论是从图文资料还是家长在开放题中的回答，都可以看出，作为大部分都是独生子女的学生，他们的情绪控制能力、挫折承受能力、适应环境能力以及与他人交往的能力都是较缺乏的。因此，学校在开发以问题为导向的主题课程的过程中，要加大这四个方面的心理健康教育和开设相关的心理讲座。同时，学校还可以开设专门的心理健康教育课程对学生青春期的心理问题（如早恋、抑郁）进行疏导，使学生掌握正确的心理调适能力。

（5）从上文图片中我们可以看出，学生在身体健康素养方面严重缺乏坚持锻炼的运动习惯。很多家长在开放题的回答中也提出希望学校增加体育锻炼时间，增加体育运动设施，经常举办体育活动，举行每日晨跑等，从而使学生形成锻炼的习惯，提高身体素质。

（6）在课程实施方面，家长给我们提出了很多宝贵的建议，包括如下方面。

① 坚持少说多做，避免空洞的说教和理论灌输。

② 灵活采纳多种能让学生体验的教学形式，如模拟试验、主题辩论会、座谈会、演讲、社会实践等，让学生在活动中得到真正的锻炼和提高。

③ 加强师生互动、生生互动、家校互动，充分挖掘和利用各种资源。

④ 增设德育顾问。

⑤ 开发具体可行的评价方式，检测学生的各方面素质是否提高。

附：

以问题为导向的主题课程需求调查问卷（家长版）

尊敬的家长：

您好！

为了探索和优化我校德育课程设置，促进学生的全面发展，我们想对您进行一个课程需求情况调查，占用您几分钟的时间，希望您能给予积极配合。本问卷采取无记名形式进行，请您不必顾虑，也请您根据您自己和孩子的实际情况回答，谢谢！

深圳市高级中学课程研究中心

第一部分：本部分由单选题和多选题组成，每一题后面都有标注。请根据实际情况选择，并仔细填涂答题卡上对应题号的选项。

1. 您了解以问题为导向的主题课程吗？（单选）

A. 非常了解

B. 有简单了解

C. 一点也不了解

2. 您愿意支持和参与学校的以问题为导向的主题课程开发吗？（单选）

A. 愿意　　B. 不愿意

3. 为了促进孩子的全面发展，您认为除国家规定课程之外，学校还应该开设下列哪些课程？（多选）

A. 道德教育课程（包括坚强意志力、社会责任感和实践能力的培养等）

B. 健康教育课程（包括身体和心理健康的塑造等）

C. 学习能力培养课程（包括学习习惯、学习方法、思维品质的培养等）

D. 生活能力培养课程（包括自救、逃生、维权、交往能力的培养等）

E. 审美教育课程（包括艺术特长、艺术鉴赏、审美情趣的培养等）

4. 为使您的孩子能够适应未来社会发展，学校正在实行“公民教育计划”，您觉得“公民教育”应该包括下列哪些方面？（多选）

A. 公民基本素养教育（包括团队合作素养、交往礼仪素养的培养等）

B. 政治常识和政治能力教育

C. 全球公民教育（包括全球化的视野和创新能力培养、和平教育、环境教育等）

D. 社会主义核心价值观教育（包括爱国、诚信、敬业、友善等品质的培养）

E. 健康生活方式养成教育（包括健康的生活习惯、交往习惯的培养等）

F. 社会公德和责任教育（对自己、家人、社会的责任；具备积极公民应有的参与社会事务的能力）

G. 公益和志愿服务教育

5. 您认为学校应该培养孩子具备下列哪些品质？（多选）

A. 热爱祖国　　B. 高度的社会责任感

C. 诚实守信　　D. 尊老爱幼

E. 自尊自爱　　F. 坚强意志力

G. 自信自立　　H. 勤奋严谨

I. 积极向上　　J. 富有正义感

K. 服务精神　　L. 心怀感恩

M. 乐学善思　　N. 热爱生活

O. 尊重、理解和包容　　P. 富有爱心和同情心

Q. 志趣高雅

6. 您认为学校应该培养孩子具备下列哪些能力？（多选）

A. 实践能力　B. 自主学习能力

C. 自我管理能力　D. 领导能力

E. 沟通和表达能力　F. 人际交往能力

G. 承受挫折的能力　H. 自我保护能力

I. 科学探索和创造能力　J. 体育、艺术或科技技能

K. 艺术审美能力

7. 您认为孩子需要树立下列哪些意识？（多选）

A. 责任意识　B. 主体意识

C. 创新意识　D. 合作意识

E. 竞争意识　F. 环保意识

G. 法治意识　H. 自我保护意识

8. 据您了解，您的孩子目前最缺乏下列哪几种品质？（多选，最多选3项）

A. 热爱祖国　B. 高度的社会责任感

C. 诚实守信　D. 尊老爱幼

E. 自尊自爱　F. 坚强意志力

G. 自信自立　H. 勤奋严谨

I. 积极向上　J. 富有正义感

K. 服务精神　L. 心怀感恩

M. 乐学善思　N. 热爱生活

O. 尊重、理解和包容　P. 富有爱心和同情心

Q. 志趣高雅

9. 据您了解，您的孩子目前最缺乏下列哪几种能力？（多选，最多选3项）

A. 实践能力　B. 自主学习能力

C. 自我管理能力　D. 领导能力

E. 沟通和表达能力　F. 人际交往能力

G. 承受挫折的能力　H. 自我保护能力

I. 科学探索和创造能力　J. 体育、艺术或科技技能

K. 艺术审美能力

10. 据您了解，您的孩子目前最缺乏下列哪几种意识？（多选，最多选3项）

A. 责任意识　B. 主体意识

C. 创新意识
D. 合作意识
E. 竞争意识
F. 环保意识
G. 法制意识
H. 自我保护意识

11. 在心理健康素养方面，您认为您的孩子目前较欠缺的是哪些？（多选）

A. 正确认识和接纳自我的能力
B. 乐于与他人交往的能力
C. 控制情绪的能力
D. 适应社会环境的能力
E. 保持积极乐观心态的能力
F. 承受挫折的能力

12. 在身体健康素养方面，您认为您的孩子目前较欠缺的是哪些？（多选）

A. 运动兴趣
B. 坚持锻炼的运动习惯
C. 健康的生活方式
D. 基本的体育与健康知识
E. 基本的运动技能

13. 在学能素养方面，您认为您的孩子目前较欠缺的是哪些？（多选）

A. 良好的学习习惯
B. 正确高效的学习方法
C. 自主学习能力
D. 信息收集和整合的能力
E. 合作学习的能力
F. 研究性学习的能力
G. 创新能力

14. 在生活素养方面，您认为您的孩子目前较欠缺的是哪些？（多选）

A. 安全自救知识和技能
B. 医疗急救知识和技能
C. 地震、消防逃生技能
D. 法律维权意识和能力
E. 礼仪交往知识和技能
F. 网络安全知识
G. 财产安全意识

15. 在审美素养方面，您认为您的孩子目前较欠缺的是哪些？（多选）

A. 艺术特长
B. 艺术鉴赏能力
C. 艺术表现和创造能力
D. 基本的艺术常识
E. 审美情趣

16. 为提高孩子的审美素养，您希望学校开设的课程包括哪几种？（多选）

A. 乐器与生活
B. 歌唱与生活
C. 戏曲与生活
D. 绘画与生活
E. 书法与生活
F. 摄影与生活
G. 园艺与生活

第二部分：开放题

17. 您对以问题为导向的主题课程还有什么更好的建议？

四、主题课“公益活动”调研反馈报告

以问题为导向的主题课程——公益活动汇报，由各班寒假参加过公益活动的学生在班级进行汇报，教师和其他学生对其进行提问，交流公益活动经历，分享参加公益活动的收获。通过这种方式，学生能了解参加公益活动的渠道和方式，认识到公益活动并不遥远，自己一样可以参加公益活动，给别人提供帮助。本次课程结束后，课程调研与评估组实施了即时的课程反馈调查。课程反馈表分为量表、选择式问答以及开放题三部分，其中量表部分采用Likert五点量表计分，选项分为“完全不符合”“不符合”“基本符合”“符合”“完全符合”，各选项的得分依次为1、2、3、4、5。本次调查发放学生问卷和教师问卷各18份（有两个班级本周没有上德育课），收回学生问卷17份，教师问卷12份。最终统计结果如下。

（一）总体情况

总体而言，不论是教师还是学生，对本次以问题为导向的主题课程还是满意的，总体评价均在80分以上，学生满意度为76.5%，教师满意度为91.7%。与本学期前面两次课程相比，学生满意度有所下降，教师满意度有所提升。

从下表中可以看出，对于本次课程，学生对授课教师的认可度方面普遍较高，不论是授课教师的引导、总结方面，还是准备方面。由于本次课程是由学生代表根据自己的经历进行汇报，所以比较贴近生活，课堂上也比较自由，大部分学生都参与进了课堂（但是有些班级的课堂参与率还是比较低），这些评价选项的均值都超过4分。相比较而言，学生对本次课程的学习收获、课程中的问题设置和内容安排、教学模式等方面的认可度较低，学生普遍认为班上同学的发言不够积极，这在开放式问答中也有所体现。

学生课程反馈表统计情况

题项				均值（排序）
12.授课老师在课堂上对同学们的回答进行了引导				4.53
2.本次主题课程的内容贴合我们的生活				4.35
9.授课老师上课热情饱满				4.35
10.授课老师进行了充分的准备				4.35
6.课堂上同学们感觉比较轻松自由				4.29
11.授课老师积极鼓励同学们参与课堂，现场气氛很好				4.25
13.在课程结束时授课老师对课程内容进行了小结				4.24
7.大部分同学都参与进了课堂活动				4.00
16.本次主题课程让我获得了一些新知识				3.94
19.上完本次课后，我会把学到的东西付诸实践				3.94
18.本次主题课程促使我开始审视自己的价值观				3.88
4.本次主题课程所设置的问题能够激发我们的思维，让我们有话可说				3.71
8.本次主题课程采用的教学模式很好				3.71
3.本次主题课程的内容安排合理，我们有充足的时间进行讨论				3.56
1.我对本次主题课程的内容很感兴趣				3.53
5.在本次主题课程的课堂上，我们班同学发言积极				3.53
17.本次主题课程让我获得了一些生活技能和技巧				3.47
20.整体上，你对这次主题课程的满意程度是：				
满意度	A.不满意	B.一般	C.满意	D.非常满意
百分比	0%	23.5%	53.0%	23.5%
21.你给予这次主题课程的总体评分是（以100分计）86.24分				

通过下表，我们可以看到，跟学生课程反馈情况相同的是，教师也认为本次以问题为导向的主题课程贴近学生的生活。所不同的是，教师认为本次以问题为导向的主题课程的目标设置合理，内容安排适中，学生发言积极，学生收获很大，设置的问题能够激发学生思维，课程便于实施。这可能与教师和学生

顾问对待课程反馈的态度有关。这些评价项目的均值都超过4分。相比较而言，教师对课程资料的充分程度以及教学模式的认同度略低。

教师课程反馈表统计情况

<table>
<tr><th colspan="4">题项</th><th>均值</th></tr>
<tr><td colspan="4">2.本次主题课程的教学内容贴近学生的生活</td><td>4.64</td></tr>
<tr><td colspan="4">1.本次主题课程的目标设置合理</td><td>4.45</td></tr>
<tr><td colspan="4">3.本次主题课程教学实施安排合理，学生有充足的时间进行讨论</td><td>4.36</td></tr>
<tr><td colspan="4">8. 在本次主题课程的课堂上，我们班学生发言积极</td><td>4.27</td></tr>
<tr><td colspan="4">10. 我感觉这次主题课程对学生的启发很大</td><td>4.27</td></tr>
<tr><td colspan="4">4.本次主题课程所设置的各级各类问题能够激发学生的思维</td><td>4.09</td></tr>
<tr><td colspan="4">7. 本次主题课程便于实施</td><td>4.00</td></tr>
<tr><td colspan="4">6. 本次主题课程的课程资料充分</td><td>3.91</td></tr>
<tr><td colspan="4">5.本次主题课程所采用的教学方式很合理</td><td>3.64</td></tr>
<tr><td colspan="5">11.整体上，您对这次主题课程的满意程度是：</td></tr>
<tr><td>满意度</td><td>A.不满意</td><td>B.一般</td><td>C.满意</td><td>D.非常满意</td></tr>
<tr><td>百分比</td><td>0%</td><td>8.3%</td><td>66.7%</td><td>25.0%</td></tr>
<tr><td colspan="5">12.您给予这次主题课程的总体评分是（以100分计）89.17分（最后均分）</td></tr>
</table>

注：由于本次课程没有使用小组评价表，也没有采用小组合作学习方式，所以对两个反馈表中涉及小组合作的题项都未进行统计。

（二）意见和建议

1. 教师意见和建议

“您对改进本课程还有什么建议？”

（1）应在学生开展公益活动前给予一定的指导，最好鼓励学生自主开发公益项目，拟订计划书，从而去实践公益。

（2）备课时间不充足，希望提前一周领到学生处下发的材料。

（3）由于本课程是对寒假的社会实践活动进行总结，但是在布置任务前并没有说明，学生在体验过程中没有注意素材的积累，所以PPT制作的材料比较缺乏。

（4）不只是展示，主题应该更明确。

（5）形式可以改进。

（6）学生对公益的理解并不全面，希望学校能够通过学分鼓励学生参与公益。另外，学校对公益的宣传不够，学生对公益的理解片面。

（7）公益活动的开展在我国还没有成为常态，学生对公益活动的了解还不够。因此，开展公益活动汇报一定程度上也提供了普遍了解的机会，学生还是很有收获的，但进一步了解公益还需要持续性地开展活动。

（8）多点课外素材，给一些贴近学生生活的案例。

（9）充分调动教师、家长的积极性，充分发动社会力量。

（10）充分尊重学生意见，调动学生参与的积极性。

（11）建议增加一些视频材料，着重介绍做公益的场所、方式、方法，使有心做公益的学生能够找到可做的事。比如陈坤的“行走的力量”，讲的是心灵公益，视频有介绍这种公益的具体操作。

2. 学生意见和建议

“本次课程中哪些内容对你启发最大？”

（1）当义工的艰辛。

（2）参加过义工活动的人对自己工作的感悟和收获。

（3）被义工帮助的人对义工的态度。

（4）学会认真对待他人，体会他人的感受。

（5）关于做义工的目的是功利还是出于内心的讨论；做义工不该有功利性，对待公益有一颗热爱的心而不是为了学时去做义工。

（6）对做义工除了帮助他人，自己是否有收获的讨论。

（7）珍惜在校时光，社会工作更为不易。

（8）义工活动培养社交能力，增强责任心，理解奉献的含义。

（9）没有什么任务是一接手就顺手的，都需要锻炼熟悉。

（10）与世界上不同身份的人物接触的感悟。

（11）了解做公益的方式。

（12）付出都会有收获，赠人玫瑰手有余香，做义工可以获得内心的快乐。

（13）任何一件事情都要认真去做，帮助他人是一种美德。

“本次课程做得比较好的方面有哪些？”

（1）同学的发言比较轻松，讲述具体生动，老师对同学发言的指导比较积极。

（2）倾听的同学对做义工的兴趣提高。

（3）学生很活跃，在老师引导下思路清晰，弄清了义工的含义和目的。

（4）学生主动参加社会义工活动，亲自体验社会工作的难处，做的报告也更真实可靠、发自肺腑。

（5）学生自己做PPT，谈论思考与感悟，所以此课程是真正针对学生的，让学生学会了分享生活、分享苦乐。

（6）通过学生对社会不良现象的讨论、指责，大家对义工活动、公益事业有了新的认识。

（7）同学们准备得都很充分，图文并茂，文字真切动人，事件都十分有意义，包括观众在内学到很多。

（8）在义工社会实践活动中，同学们都有学到新东西。

（9）同学来主持，方式新颖，课堂气氛活跃，教学效果好。

（10）由同学讲，让我们有很深刻的感触，调动了气氛，激起大家做义工的积极性。

（11）从同学自身出发，切身体会，意义比较重大。

（12）本次课程以公益为主题，关注到了“公益”这个社会热点；另外，让寒假做公益的学生汇报，用身边的人来启发同学，勉励其他同学一起做公益，传递正能量。

（13）班主任最后的引导使人深思。

（14）老师举了很好的例子，教我们学会沟通，学会献爱心。

（15）公益是大家不太了解的方面，通过同学们的描述感受帮助他人的快乐，了解中国慈善事业的境况和问题，引发我们思考，由浅入深，吸引了我们对公益事业的兴趣，老师和主持人也很好地引导了回答。

“本次课程中需要改进的方面有哪些？”

（1）发言的同学比以前好一些，但还是比较害羞，问题较多。

（2）仍有部分同学在写作业，没有加入。

（3）展示人准备不足，话题把握不清晰。

（4）课堂气氛不够活跃，证明此课程依然没有抓住学生的兴趣点，也许是学生长期没有关注德育课，一时间没能互动起来。

（5）课上老师随机抽取问题提问学生代表，在一定程度上给学生谈心声造成压力，同学们稍有紧张和约束。

（6）讨论主题略显陈旧，应设计更有时代性的课程。

（7）有准备的同学并不算特别多，然而当初报名的人很多，同学发言不够积极，话题不够引起同学兴趣。

（8）内容应设置多项供学生自由选择。

（9）做公益汇报的有些同学没有做好充分的准备，没有拍照，素材不够。学校对公益事业的宣传不够，寒假的义工活动也只是少部分同学参与，大部分同学并不了解。

（10）应多一些示范性的视频、PPT来引导，不然有很多同学不知道该怎么说。

（11）希望同学能够真心地做义工，而不是为了写作业、或功名利禄、或学校要求做义工。我一直认为做义工不是一种任务，而是一种真心付出（其实一直觉得这是一种教育悲哀，"献爱心"似乎对我们来说只是一个符号，不再是真心想要献爱心，为自己的快乐，为别人的快乐付出，尽管这与学校德育课程无关，但我依旧认为，这是品德上存在的问题，需要改进）。

3."你对课程有什么改进建议？"

（1）素材需更广泛一些。

（2）发言者需注意时间的控制。

（3）提问太少，且多没有实质性的意义。

（4）学校可以提供相关的视频。

（5）多开发一些中学生感兴趣、乐意思考学习的课程。

（6）可以举一些时下的热点新闻为事例作为参考（如新闻视频片段），吸引同学们讨论。

（7）建议学校邀请社会公益人士做讲座，也能让同学们加深对公益的了解。

（8）希望能多注重培养学生的公德心，能够为学生提供一些公益活动。

（9）实施此课程前应多对此课题进行宣传，加强我们对德育课的重视程度。

（10）希望老师能多做些鼓动，鼓动大家多多发言。

（11）应多收集一些资料来引导同学，深入主题，倡导大家去做公益活动。

深圳市高级中学课程研究中心

以问题为导向的主题课程学生调研反馈社团

2014年3月10日

五、主题课“未来我是谁”教学实施反馈报告

本次主题课程结束后，课程评价组撰写了课程反馈调查。反馈表分为量表、选择式问答以及开放题三部分，其中量表部分采用Likert五点量表计分，选项分别是“完全不符合”“不符合”“基本符合”“符合”“完全符合”，得分依次为1、2、3、4、5。本次调查发放学生问卷30份，收回学生问卷28份，其中有效问卷25份。反馈统计结果如下。

（一）总体情况

对于本次以问题为导向的主题课程，学生对课程的综合评价平均分为91.42分，学生满意度为91.67%，学生对本次课程的总体满意度非常高。

从下表中可以看出，学生对本次课程的授课老师、课程内容、教学模式、课堂参与度比较满意，对课程的时间安排、课程的实践性效果以及小组分工合作的认可度相对较低。本次课程的主题是“未来我是谁”，主旨在于引领学生对自己的未来进行思索，并开始试探性地进行规划。课程采用大型公开课的方式进行，采用了表演、测试、辩论、游戏、采访等多种教学模式。整个课程由学生担任主持人，教师作为协助者和引领者参与其中。从学生开放题部分的回答，我们可以看出，学生对课程还是很满意的，认为授课老师上课很有热情，辩论赛和互动环节很精彩，也能够激发学生对未来进行思考。然而，由于准备不够充分，场面过大，女主持人有点紧张，偶尔还出现场面混乱的现象。

（二）学生意见和建议

学生建议明细

题项	均值（排序）
7.授课老师上课热情饱满	4.44
1.我对本次主题课程的内容很感兴趣	4.36
8.授课老师进行了充分的准备	4.36
2.本次主题课程的内容贴合我们的生活	4.32
9.授课老师在课堂上对同学们的回答进行了引导和总结	4.32
11.本次主题课程让我获得了一些新知识	4.32
6.本次主题课程采用的教学方式很好	4.24
13.本次主题课程促使我们重新审视自己的某些观念	4.16

续 表

题项				均值（排序）
4.在本次主题课程的课堂上，我们班同学发言积极				4.12
5.大部分同学都参与进了课堂活动				4.08
14.上完本次课后，我们会尝试把学到的东西付诸实践				3.96
3.本次主题课程的内容安排合理，我们有充足的时间进行讨论				3.92
12.本次主题课程让我获得了一些生活技能和技巧				3.92
10.小组成员在讨论环节进行了合理的分工合作				3.84
15.整体上，你对这次主题课程的满意程度是：				
满意度	A.不满意	B.一般	C.满意	D.非常满意
百分比	0.00%	8.33%	41.67%	50.00%
16.你给予这次主题课程的总体评分是（以100分计）91.42分				

“本次课程做得比较好的方面”：

1. PPT，课堂设置。

2. PPT好看，男主持人淡定不怯场，安排活动丰富，内容吸引人。

3. PPT比较好，男主持人比较淡定，辩论赛很精彩。

4. 提出一个高中生应该认真考虑的问题，让我深思。

5. PPT做得好。

6. 给有参与的人以较大的思维空间，发言主题鲜明活泼，引人深思。

7. 辩论很精彩。

8. 互动较多，课程趣味性强，时间安排得当，所有时间都安排得很合理。

9. 提出的问题能引起我们的深思。

10. 互动较好。

11. 树立的理念好，内容好。不局限于学习成绩，令学生对于自己的未来有思考。提高学生能力。

12. 调动性强，讨论问题切合实际，有助于学习，形式新颖。

13. 内容丰富，过程精彩，节奏安排很紧密，吸引人。纪律不错，大家积极发言，场面热闹，让人能够从中学到东西。

14. 主题很好，贴近我们的生活，有利于我们未来的导向，课堂很精彩，辩论很激烈。

15. 主题合适，安排得当，准备很充足，能充分调动起气氛。

16. 课件做得好，元素很广，互动很好，辩论很激烈。

17. 课程贴近中学生生活，互动环节多，学生真正融入课堂。

18. 互动性强，分工好。

19. 安排合理，我们有充足的时间进行讨论，教学方式很好。

20. 辩论环节精彩。

21. 环环相扣，每个环节都很有意思，特别是辩论会，辩论赛主席和正方二辩很有意思。

提炼：PPT设计很好；主题很好，贴近学生生活；辩论赛很精彩，互动较多。

“本次课程中需要改进的方面”：

1. 女主持人不大方，游戏环节补充内容过多，辩论环节过长。

2. 女主持人讲话结巴，讲话部分太长。

3. 辩论赛有点长。

4. 时间太长，互动性不强。

5. 有些环节引起场面混乱。

6. 主持人太紧张。

7. 主持人的语速应放慢一些，尽量避免错误。

8. 辩论时有些混乱。

9. 辩论太业余，评分更业余，太倚重流程。

10. 场面混乱，秩序混乱、嘈杂，同学之间配合糟糕。

11. 课堂纪律性较差。

12. 需要采取更多的现实中的例子。

13. 辩论秩序有待加强，讨论时间可以长一些。

14. 讨论时间太少。

15. 课堂准备可以更充足，辩论环节时间略长。

16. 时间不足。

17. 课程时间太短。

18. 主持人准备欠缺。

19. 女主持人有点紧张。

提炼：女主持人有点紧张，辩论秩序有点混乱，讨论时间略短。

“你对课程有什么改进建议”：

1. 多提出一些对高中生有实际意义的问题，引导高中生成长。

2. 加强场内互动。

3. 应有更多自由发挥空间。

4. 调整场内秩序，树立学生的严肃性与纠正对待课程的态度。

5. 对纪律方面加强管理，对时间的分配进行部分调整。

6. 增加互动环节。

7. 多加入一些游戏时间。

8. 给同学们多点活动。

9. 丰富一下内容，有更多有趣内容。

10. 合理安排时间，适当安排内容，不宜过多。

提炼：加强课堂秩序管理，合理安排课堂时间，增加一些对高中生有实际意义的问题。

深圳市高级中学课程研究中心

2015年12月20日